MASAJES
TERAPÉUTICOS

José Manuel Sanz Mengíbar

LIBSA

© 2007, Editorial LIBSA
C/ San Rafael, 4
280108 Alcobendas. Madrid
Tel. (34) 91 657 25 80
Fax (34) 91 657 25 83
e-mail: libsa@libsa.es
www.libsa.es

ISBN: 84-662-1245-0

Colaboración en textos: José Manuel Sanz Mengíbar
Edición: Equipo editorial LIBSA
Diseño de cubierta: Equipo de diseño LIBSA
Maquetación: Ginés Nadal y equipo de diseño LIBSA
Fotografías y documentación gráfica: Antonio Beas y archivo LIBSA
Estilismo: Raquel Díaz Vázquez, Alberto Gobicchi, Alexander Sosa Abboud,
Manuel de Marcos Orlando, Clara Villafranca Sanz

CONTENIDO

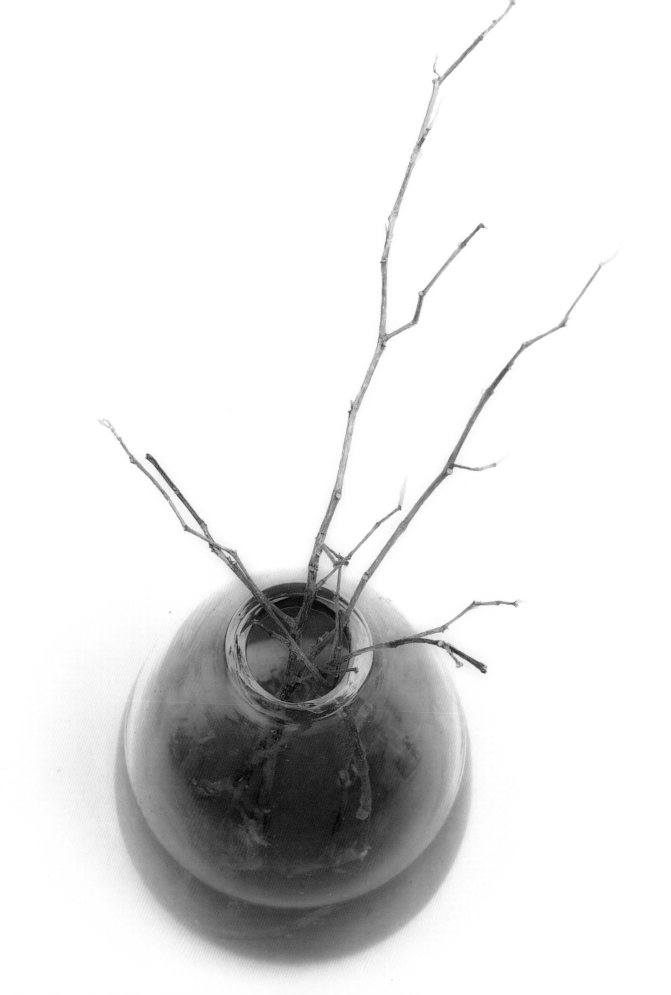

01 ¿POR QUÉ EL MASAJE TIENE PODER TERAPÉUTICO?

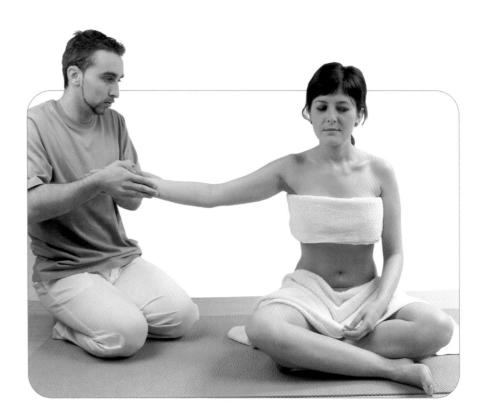

El masaje se ha utilizado tradicionalmente para resolver leves alteraciones corporales. En un primer momento su uso carecía de bases científicas y su aplicación se realizaba de manera experimental. Desde las diferentes culturas de todo el planeta se ha ido observando que al aplicar determinados movimientos manuales en el cuerpo se podían aliviar pequeños males. A lo largo de la historia ha sufrido épocas de auge como en la actualidad, pero también etapas de desuso y vinculación con artes oscuras que han asociado ciertas connotaciones esotéricas a su uso. En la actualidad los conocimientos sobre anatomía, fisiología y medicina entre otros, han sufrido grandes avances, por lo que podemos explicar con claridad los efectos beneficiosos del masaje. Todavía hoy desconocemos el origen de la palabra occidental «masaje». Sin embargo, se le atribuyen raíces griegas, árabes y hebreas. Lo que sí sabemos es que la aplicación del masaje con fines terapéuticos se realiza desde hace más de 4.000 años en las culturas orientales. Esto nos da una idea de la universalidad del masaje en la medicina tradicional.

EL MASAJE Y SUS EFECTOS TERAPÉUTICOS

En la antigüedad los masajes se usaban para calmar las pequeñas afecciones de un modo intuitivo. Por la experiencia sabemos que la aplicación de nuestras propias manos sobre una zona irritada tiene un efecto analgésico o de disminución del dolor. En la actualidad conocemos los mecanismos que explican cómo los masajes tienen un efecto terapéutico sobre diferentes alteraciones.

Las modificaciones de la circulación sanguínea: Las zonas donde existe alguna alteración suelen tener disminuido su aporte de sangre, produciéndose una inflamación local. Con el masaje conseguimos un aumento de la temperatura y del riego sanguíneo en la zona donde aplicamos los movimientos manuales. De esta manera facilitamos el acceso de nutrientes y oxígeno a la región afectada y mejoramos el transporte para la posterior eliminación de las sustancias de desecho celular. Si esto no ocurriese, la inflamación podría perpetuarse y en la zona se producirían adherencias dolorosas entre los tejidos por acumulación de sustancias de desecho.

Además existen masajes específicos para las alteraciones de la circulación linfática como el drenaje linfático manual. Con estas técnicas conseguiremos influir en el transporte de la linfa, evitando su acumulación en los tejidos.

Con movimientos manuales específicos también obtendremos efectos de vaciado y bombeo de la sangre venosa para personas con problemas en la circulación de retorno hacia al corazón.

Los efectos mecánicos directos: Los principales beneficiarios de los efectos de las presiones y movilizaciones impartidas por nuestras manos son los tejidos blandos. Mediante el amasamiento conseguiremos reducir e incluso eliminar las contracturas musculares y también influiremos sobre el tono muscular y su dificultad para relajarse. También conseguiremos la movilización de las adherencias y las zonas fijadas, así como la correcta cicatrización de las fibras de los tejidos blandos. Todo ello es fundamental para eliminar el dolor que provocan estas alteraciones al irritar las terminaciones nerviosas y alterar el correcto intercambio circulatorio de los nutrientes y las sustancias de desecho celular.

Los receptores sensitivos: Con el estímulo de nuestras manos y mediante las técnicas específicas de masaje, conseguimos la desensibilización de la zona cutánea. Esto no quiere decir que perdamos sensibilidad, sino que la estimulación sensitiva de las terminaciones libres, eleva el umbral doloroso. De esta manera, necesitaremos estímulos más fuertes para conseguir activar los receptores sensitivos, consiguiendo así reducir el dolor.

Existe otro tipo de receptores sensitivos en la piel que serán estimulados mediante el masaje gracias al aumento de la temperatura. Los receptores térmicos también tendrán importancia en la reducción del dolor.

La teoría de la compuerta: Las fibras nerviosas que recogen la información sensitiva y la información dolorosa de una misma zona son diferentes por sus características de grosor, velocidad de conducción y recubrimiento. Cada estímulo es recogido por diferentes receptores y llegará al cerebro siguiendo trayectos independientes. Sin embargo, existe un mecanismo corporal, que provoca que la estimulación cutánea de los receptores del tacto inhiba la conducción del estímulo doloroso por las propias fibras nerviosas.

Este mecanismo para reducir el dolor podemos comprobarlo en el instinto natural que tenemos para frotarnos inmediatamente después de recibir un golpe en cualquier parte del cuerpo. El masaje estimula intensamente los receptores del tacto y es por esto por lo que reduce el dolor en zonas con pequeñas lesiones.

Las sustancias analgésicas liberadas por el propio cuerpo: Nuestro organismo dispone de sustancias con capacidad para reducir el dolor o analgésicas creadas por sus propios mecanismos de síntesis. Las endorfinas son derivados del opio y consiguen reducir el dolor actuando desde el cerebro, médula y en el propio lugar alterado.

Otro tipo de sustancia es la histamina que produce apertura de los capilares y por tanto un aumento del riego sanguíneo y de la temperatura corporal.

El estímulo sexual forma parte de un complejo mecanismo corporal, en el que se incluyen hormonas que pueden ser liberadas mediante el masaje específico, debido al gran contenido de intercambio de sensaciones táctiles que supone. Por este motivo el masaje puede ayudar en las disfunciones que afectan al estímulo sexual.

Los efectos relajantes y de disminución de la sensación dolorosa indirectos o a distancia: La tensión psicológica se traduce en tensión muscular. El masaje consigue relajar la musculatura indirectamente a través de la relajación del sistema nervioso central y viceversa. Ayudaremos a mejorar o prevenir la ansiedad, el estrés, la agitación, el insomnio, el agotamiento y el dolor de origen central.

La activación de la musculatura lisa: Existen otras alteraciones leves sobre las que el masaje específico puede mejorar. Las alteraciones del tracto digestivo son conocidas por todos, ya sea el estreñimiento, los gases, las dificultades de tránsito del tubo digestivo, la sensación de acidez, los cólicos y los espasmos de la musculatura lisa y otras leves molestias. En la mayoría influye el correcto movimiento del tubo digestivo formado por la musculatura lisa. La facilitación digestiva se consigue mediante la activación correcta de dicha musculatura.

INDICACIONES TRADICIONALES DEL MASAJE TERAPÉUTICO

A continuación encontramos un esquema con las alteraciones en las que se ha utilizado el masaje como método de tratamiento de manera tradicional. La finalidad del masaje no es curativa en todos los casos, sino que en muchas ocasiones tiene como objetivo la prevención o el alivio de los síntomas desagradables que producen estas disfunciones.

Lesiones no traumáticas del aparato locomotor: contracturas musculares (de origen muscular o nervioso), calambres, espasmos y atrofias musculares, tendinitis y tenosinovitis, reumatismos crónicos como la artritis y artrosis, cervicalgias, lumbalgias, dorsalgias, escoliosis, mialgias, adherencias, dolores articulares, preparación precompetición y postcompetición del aparato locomotor, dolores de cabeza y vértigos de origen tensional.

Lesiones traumáticas del aparato locomotor: esguinces, distensiones de tejidos y contusiones. Nunca se tratarán en período agudo, es decir, recién ocurrido el traumatismo, sino que ayudarán en la recuperación posterior de la lesión.

Alteraciones circulatorias o vasculares: edemas, linfedemas, arterioesclerosis, mejora de la circulación periférica y hematomas.

Piel y estética: celulitis, cicatrices, obesidad, tono bajo en la piel y la musculatura, y retención hídrica.

Posturales: Desviaciones de la columna vertebral como las escoliosis y cifosis, pies planos, valgos, o cavos o anomalías en la actitud de la postura normal. Actualmente sabemos que el masaje no tiene efecto corrector, pero se usa para eliminar las contracturas musculares y dolores que pueden causar las sobrecargas por la alteración estructural normal.

Aparato digestivo: alteraciones leves del tránsito digestivo como estreñimiento, gases, cólicos y espasmos.

Sistema nervioso: neuralgias como la ciática, relajación del tono muscular en lesiones del sistema nervioso central, insomnio, agitación, agotamiento y dolor de origen central.

También se ha usado para la estimulación sexual y revitalización general.

Con el masaje podemos mejorar el tono de la piel y la musculatura.

Debemos evitar la aplicación de masajes en:

Flebitis, afecciones de la piel, hemorragias, procesos infecciosos, enfermedades contagiosas por vía cutánea, fiebre, brotes reumáticos agudos, úlceras, inflamaciones agudas, roturas musculares agudas, tumores, problemas cardiacos, traumatismos recientes, calcificaciones de partes blandas, varices con riesgo de trombosis y nervios comprimidos.

LAS CONTRAINDICACIONES DEL MASAJE TERAPÉUTICO

Las contraindicaciones del masaje terapéutico son las clásicas para cualquier tipo de masaje, pero se deben especificar algunas variaciones debido a sus características especiales.

Uno de los efectos más evidentes que produce el masaje en el organismo es el aumento de la temperatura y con ello la estimulación de los receptores térmicos de la piel para el calor. Por todos es sabido que el calor tiene un potente efecto analgésico y que puede ser obtenido a través del uso de mantas eléctricas, bolsas de agua caliente o *hotpacks*. Sin embargo, es importante recordar que nunca debemos aplicar calor, incluido el masaje, en una lesión reciente, debido a que podemos amplificar la inflamación de la zona y perjudicar la futura recuperación.

Evitaremos masajear zonas que han sufrido un traumatismo o cuando se producen roturas de tejidos de cualquier tipo. Nunca aplicaremos un masaje sobre fracturas óseas, esguinces, roturas tendinosas parciales o totales, calambres, contusiones, derrames, distensiones, roturas fibrilares o roturas musculares recientes. Debemos respetar los tiempos de consolidación y recuperación de cada tejido.

Es fundamental el diagnóstico médico para conocer el origen de la alteración y los síntomas. Nunca aplicaremos un masaje sobre lesiones graves y sin los conocimientos suficientes sobre la anatomía de la zona y lo que ha ocurrido para que aparezca el dolor.

EL DOLOR

Nuestro cuerpo es una máquina de gran precisión y que se encuentra en equilibrio interno. Cuando este equilibrio se ve comprometido el cuerpo nos informa mediante diferentes síntomas. Uno de los síntomas más frecuentes y que todos conocemos es el dolor, el cual nos informa de que algo en nuestro equilibro interno está alterado. Sin embargo, el dolor es un síntoma muy inespecífico, es decir, interpretar su significado es muy complejo. El dolor en una misma zona puede proceder de elementos del aparato locomotor, de vísceras profundas, del sistema nervioso u otros, por lo que el diagnóstico del origen y la causa del dolor lo debe determinar un especialista en medicina.

02 TERMINOLOGÍA DE LAS ALTERACIONES DEL APARATO LOCOMOTOR

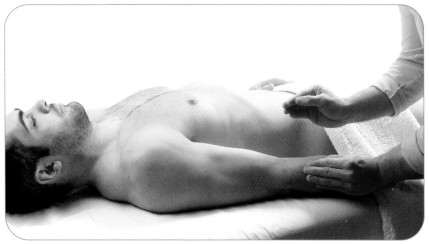

ESTE CAPÍTULO MUESTRA UN REPERTORIO DE TÉRMINOS IMPRESCINDIBLES PARA CONOCER EN PROFUNDIDAD LAS LESIONES MUSCULARES, DE TENDONES, DE HUESOS Y DE FILAMENTOS. TAMBIÉN SE SINTETIZAN TODAS LAS TÉCNICAS DEL MASAJE PROFESIONAL.

1. Lesiones musculares

· Contractura: Nódulos duros que aparecen en el músculo sin necesidad de un traumatismo cuando se le somete a un esfuerzo físico intenso, ya sea deportivo, postural o de cualquier tipo. Pueden ser dolorosas en reposo, al estiramiento y con la contracción o permanecer silentes algún tiempo.

· Calambre: Lesión no traumática, que se define como una contractura dolorosa, involuntaria y muy intensa, en acortamiento máximo del músculo (tetánica). Se produce, generalmente, por un agotamiento del músculo por falta de llegada de oxígeno o mala hidratación, ya sea por un esfuerzo intenso o por una alteración circulatoria. También se puede producir en reposo, durante el sueño, siendo otros factores predisponentes el déficit de magnesio, potasio o calcio. Es frecuente en mujeres con menopausia, embarazadas o profesionales que mantienen una postura prolongada durante mucho tiempo.

· Contusión: Aplastamiento de las fibras musculares por un golpe traumático directo. Suele producirse dolor y hematoma posterior.

· Punzadas o agujetas: Lesión no traumática que se aprecia entre doce y cuarenta y ocho horas después de un esfuerzo demasiado intenso, falta de preparación o calentamiento antes de una actividad. Se aprecia como una reacción muscular dolorosa cuando tocamos, estiramos o contraemos el músculo. Los músculos se encuentran tensos y endurecidos y cede espontáneamente en un máximo de cuatro días. No son dolorosas en reposo.

· Derrames: Un golpe o contusión sobre un músculo puede ocasionar la rotura de vasos sanguíneos y linfáticos que vierten su contenido, quedando retenidos en el interior del músculo. Nunca debemos masajear sobre este cúmulo líquido anormal.

· Elongación o distensión: Estiramiento brusco de un músculo rebasando levemente su límite de elasticidad, pero sin llegar a causar daños anatómicos en las fibras. Es el primer grado de estiramiento, por lo que solo se producirá un dolor intenso vivo y repentino. Nunca aplicaremos un masaje en una distensión hasta que no esté recuperada con el tratamiento adecuado y reposo.

· Rotura fibrilar: Segundo grado de estiramiento muscular brusco en el que se sobrepasa su capacidad de elongación ampliamente, y se produce el daño anatómico y rotura de algunas fibras. Aparece más dolor e incluso un hematoma cuyo tamaño dependerá del grado de la rotura. No masajearemos hasta la completa recuperación.

· Rotura o desgarro muscular: Debido a una fuerte contusión traumática se produce la rotura y desgarro prácticamente total de las fibras de un músculo con una hemorragia y dolor muy intensos. El músculo quedará retraído y contraído. Nunca debemos masajear una rotura muscular hasta que no esté completamente recuperada.

2. LESIONES DE LOS TENDONES

· **Tendinitis:** Inflamación del tendón debido a sobrecargas por movimientos repetitivos.

· **Tenosinovitis:** Inflamación del tendón y su vaina que lo recubre, incluso con derrame de líquido, por las mismas causas que la tendinitis.

· **Rotura parcial:** Roturas de algunas fibras del tejido. No masajearemos hasta su completa cicatrización.

· **Rotura total:** Pérdida prácticamente total de la continuidad de las fibras del tendón. El masaje estará contraindicado hasta la cicatrización total de la lesión.

· **Calcificación:** Acumulación de calcio en las fibras del tendón. Nunca debemos masajear sobre estas zonas ya que son muy dolorosas y podemos agravar la lesión.

3. LESIONES DEL HUESO

· **Fracturas:** rotura de la continuidad estructural del hueso por un fuerte traumatismo, sobrecarga o enfermedad del hueso. Nunca podremos aplicar un masaje sobre una fractura ósea.

· **Fisura:** Fractura ósea leve, en la que no se ha perdido la estructura de la pared del hueso por completo.

4. LESIONES DE LOS LIGAMENTOS

· **Esguince de primer grado:** Elongación forzada del ligamento por encima de su capacidad elástica, que produce una lesión dolorosa sin lesión anatómica grave. El masaje sólo estará indicado durante su fase de recuperación, evitando el período agudo.

· **Esguince de segundo grado:** Rotura parcial del ligamento que afecta a parte de las fibras del tejido. Existe derrame evidente y dolor que impide la funcionalidad de la articulación. Sólo estarán indicados los masajes para drenar el derrame y reducir el dolor cuando el tejido se está cicatrizando.

· **Esguince de tercer grado:** Rotura total del ligamento con gran derrame interno y dolor intenso. El masaje no estará indicado en la zona lesionada hasta su completa recuperación.

Recuerdo de las técnicas clásicas de masaje

Las técnicas de masaje clásico se pueden resumir en las siguientes categorías. El dominio de estos pasajes es fundamental para conseguir buenos efectos terapéuticos con el masaje.

Existen masajes específicos para algunos tipos de alteraciones, que se explicarán detalladamente en cada sección especializada.

FROTACIÓN, ROCE O EFFLEURAGE: En estas técnicas imprimimos con nuestras manos una fuerza mayor de deslizamiento que de presión. De esta manera, la piel de nuestras manos y la de la persona que recibe el masaje se deslizan entre sí.

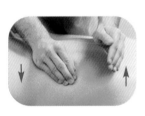

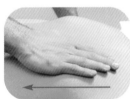 

PERCUSIÓN: Mediante golpeteos reiterativos con nuestras manos colocadas en diferentes posiciones, recorreremos la piel de la persona.

Las ondas vibratorias alcanzan desde los tejidos superficiales a los más profundos.

FRICCIÓN: La fuerza de presión hacia los tejidos profundos será mayor que la fuerza de deslizamiento de la mano. En este tipo de técnicas, nuestras manos no se deslizan por la piel de la persona a la que estamos aplicando el masaje,

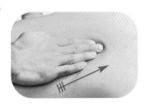

sino que se mueven conjuntamente. De esta manera conseguiremos desplazar las capas superficiales del cuerpo sobre los tejidos más profundos como los músculos, las fascias, los ligamentos o los tendones.

VIBRACIÓN: Mantendremos un toque firme de la piel de nuestras manos y la piel de la persona que recibe el masaje. Sin perder el contacto transmitiremos ondas vibratorias procedentes del temblor que provocaremos en nuestros propios brazos.

AMASAMIENTO O PETRISSAGE: Los amasamientos son técnicas que implican mayor energía. Las manos abarcan y manipulan directamente los grupos musculares y tendones más externos. Se le conoce con el nombre de amasamientos porque trabajaremos con estos tejidos como si quisiésemos ablandarlos, mediante fuerzas de compresión y cizallamiento.

PELLIZCAMIENTO: Nuestros dedos serán los encargados de separar pequeños repliegues de piel y tejido celular subcutáneo de zonas más profundas. Los movimientos seguirán diferentes direcciones, rodando y picoteando para conseguir masajear los tejidos.

PRESIÓN: La fuerza de presión hacia los tejidos profundos será el único movimiento que realizaremos en estas técnicas. Nuestras manos no se desplazarán, sino que permanecerán fijas durante un tiempo determinado sobre la misma zona.

TÉCNICAS ESPECÍFICAS DE MASAJE TERAPÉUTICO

MASAJE TRANSVERSO PROFUNDO

Es conocido también como fricción transversa profunda y fue descrito por el doctor James Cyriax. Entre sus efectos más importantes encontramos la reducción del dolor, mejora en la cicatrización de los tejidos lesionados y eliminación de posibles adherencias. Produciremos un gran aumento de la circulación en la zona al aplicar una fuerte presión, al mismo tiempo que friccionamos de manera transversal a las fibras de los tendones, músculos, ligamentos o cápsulas articulares. Utilizaremos para ello la punta de nuestro dedo índice reforzado por el dedo corazón, siempre sin deslizarse por la piel, sino que movilizaremos directamente las estructuras profundas. Por este motivo no podemos usar ningún tipo de lubricante para la aplicación de esta técnica. Mantendremos un ritmo constante y puntual entre tres y diez minutos. Es un masaje que provoca bastante dolor durante su aplicación y debemos conocer muy bien la técnica para que sea efectiva y evitar riesgos. Nunca la aplicaremos sobre roturas de cualquier tejido antes de su completa recuperación o si aumenta el dolor después de su uso.

TÉCNICA DE JONES

Esta técnica se realiza sobre los puntos gatillo de los músculos, sobre tendones, ligamentos y cápsulas articulares. Consigue reducir el espasmo muscular mantenido que producen algunas alteraciones dolorosas. Consiste en localizar y presionar el punto doloroso con un dedo. A continuación moveremos las articulaciones cercanas hasta encontrar una posición en la que el punto doloroso deje de molestar. Mantendremos la presión constante e inmóvil durante noventa segundos antes de relajar la zona.

LOS PUNTOS GATILLO Y LAS CONTRACTURAS MIÓGENAS

Los puntos gatillos son puntos dolorosos a la palpación que se sitúan sobre el vientre muscular y que al ser presionados provocan la contracción local del músculo. También son llamados *trigger points* y habitualmente se encuentran dentro de una banda muscular tensa conocida habitualmente con el nombre de contracturas musculares miógenas. Si estos puntos se encuentran en estado activo, pueden provocar sensación de dolor de manera espontánea incluso en reposo.

Para el masaje transverso profundo se utiliza la punta del dedo índice, porque nos permite aplicar bastante presión.

En la técnica Jones, el masaje circular, aplicado con un dedo, permite relajar la zona que rodea al foco del dolor.

Cuando mantenemos malas posiciones durante largos períodos de tiempo, aparecen dolores característicos en zonas determinadas que todos conocemos. Los más frecuentes son los dolores de la región cervical, que se acompañan con pequeños «bultos» duros que apreciamos al palpar el cuello para buscar alivio o calmar la zona. Una contractura muscular conduce a un estado doloroso del músculo en reposo, al estiramiento y sobre todo a la contracción. La causa que produce estas contracturas miógenas suele ser un trabajo excesivo que provoca acumulación local de ácido láctico y una hipercontracción del músculo.

La experiencia nos ayudará a reconocer y diferenciar las contracturas, así como localizar los puntos gatillo, que se detallarán en el masaje específico de cada región. Cuando deslicemos nuestras manos para aplicar un masaje terapéutico lo habitual será encontrar zonas más induradas, de estructura redondeada o en forma de banda o cordón. A diferencia de las regiones óseas cubiertas por músculos o las superposiciones de músculos en distintos planos, que también pueden asemejarse a un tejido indurado y confundirnos, las contracturas provocan una sensación dolorosa cuando las presionamos incluso suavemente.

El masaje será una alternativa fundamental para reducir y eliminar las contracturas miógenas y desactivar los puntos gatillo, devolviendo al organismo el equilibrio.

En algunos casos las contracturas musculares sirven como mecanismo de defensa del organismo para proteger pequeñas alteraciones como las elongaciones, las roturas de fibras o traumatismos directos. Por este motivo debemos ser siempre prudentes.

LAS FASCIAS

Las fascias son unas estructuras anatómicas muy importantes a conocer en el masaje terapéutico. Los músculos están compuestos por millones de alargadas y finas fibras musculares. Cada una de estas fibras está rodeada por una delgada capa de tejido conectivo, que también cubrirá a cada uno de los músculos en su totalidad. De esta manera cada músculo está separado del resto y pueden contraerse y deslizarse independientemente unos sobre los otros.

Como podemos imaginar, esta fina capa de tejido diferenciado, transcurrirá a lo largo de todo el cuerpo, músculo a músculo. Por ella se transmitirá cualquier tensión que se produzca en una parte del cuerpo de una zona a otra. Esta es una apreciación fundamental, ya que cuando aplicamos un masaje debemos ser conscientes de que nuestros movimientos están afectando a otros lugares, siendo esta una de las bases que fundamentan los masajes reflejos. Pero desde otro punto de vista tenemos que ser conscientes de que una alteración puede también estar provocando dolores en otras regiones corporales. Y lo que hace más complejo el masaje terapéutico: ¿cuál es la zona donde está la lesión original? ¿es la zona dolorosa donde se localiza la alteración o el reflejo transmitido por otra zona a través de las fascias? La experimentación en la técnica del masaje nos ayudará a responder a estas preguntas.

MEDIOS ESPECIALES PARA DAR UN MASAJE TERAPÉUTICO

EL HIDROMASAJE

La aplicación de la fuerza del agua ya sea de manera general o localizada en una parte del cuerpo ha sido ampliamente utilizada para dar masajes terapéuticos. Existen diversas formas de aplicar agua de forma enérgica, ya sea mediante el uso de chorros a mayor o menor presión, cascadas, burbujas de aire en bañera, duchas y el oleaje entre otros. La temperatura del agua también puede ser variada para intensificar los efectos del masaje, pudiendo incluso aplicar masajes manuales clásicos en inmersión.

EL CRIOMASAJE

El masaje con hielo pretende sumar a los ya conocidos efectos del masaje, los beneficios terapéuticos de la aplicación de frío. La principal precaución que debemos tener es la posibilidad de quemaduras por frío si excedemos el tiempo de exposición directa de la piel. Debemos mover el hielo constantemente y nunca dejarlo estático en una región. Seremos especialmente precavidos, por lo tanto, en pieles sensibles y de no sobrepasar en más de diez a quince minutos de masaje, o menos, dependiendo de la superficie de la zona que estamos masajeando. Un sencillo consejo para poder aplicar un criomasaje en casa es congelar agua dentro de un envase cilíndrico, de un material suficientemente firme para contener el agua pero fácil al mismo tiempo de seccionar por una de sus bases para extraer la barra de hielo. Pueden servir los pequeños vasitos de yogur u otros envases similares. De esa manera, nuestras manos no quedarán expuestas al frío directo, ya que parte del plástico servirá de «empuñadura» de nuestro pequeño invento casero, mientras aplicamos directamente el hielo sobre la piel de la persona a la que vamos a aplicar el masaje.

Entre los efectos terapéuticos más importantes del hielo podemos destacar:

· Reducción de la capacidad de estimulación de las fibras nerviosas que transmiten las sensaciones dolorosas, produciendo por tanto analgesia.
· Disminución del tono muscular y de los espasmos (si la aplicación es mayor de diez minutos aproximadamente, debido a que al principio puede haber un aumento del tono).
· Control de la inflamación.
· Disminución del riego capilar de la zona.
· Facilita el estiramiento muscular y de las fascias.

El hielo tiene contraindicaciones muy precisas, por lo que nunca aplicaremos un criomasaje en las siguientes situaciones:
· Lesiones cutáneas.
· Rechazo psicológico al frío.
· Alta sensibilidad cutánea.
· Problemas de circulación de cualquier tipo, ya que podemos favorecer la mala irrigación.

EL DOLOR DE ESPALDA

Es mucho más frecuente que las causas principales del dolor de espalda sean factores externos inadecuados y no problemas orgánicos de algún tipo. El objetivo de este capítulo será conocer y delimitar estos factores para poder actuar en su prevención.

ANATOMÍA DE LA ESPALDA

La columna vertebral

La columna vertebral tiene tres funciones muy importantes en el organismo: protege la médula espinal, constituye el eje estático del tronco apoyado en la pelvis y, al mismo tiempo, participa en el movimiento del tronco. Son funciones muy diversas e incluso opuestas, por lo que el equilibrio entre unas y otras es fundamental.

La columna vertebral está compuesta por pequeños «ladrillos» apilados, denominados «vértebras», que no son independientes unos de otros, sino que tienen una relación muy precisa. Esta influencia estructural existe tanto entre los situados de manera consecutiva como entre los más lejanos. Los ligamentos y los músculos son los encargados de mantener estas relaciones.

Las vértebras están compuestas de tejido óseo y tienen una estructura anatómica básica similar. Dividimos la columna vertebral en diferentes regiones, según las diferencias características de los elementos de las vértebras que las componen. Atlas y áxis son los nombres de la primera y segunda vértebra comenzando desde arriba y poseen características especiales e individuales.

La columna vertebral es la estructura que compone la base sólida y fija del tronco. La palabra fija no significa que no se mueva, sino que tiene una importante función estática, de mantenimiento erguido del cuerpo. Sin embargo, la columna vertebral tiene un gran número de movimientos entre cada una de sus vértebras, que la convierten también en una importante base para el movimiento humano. Existen movimientos más groseros que podemos apreciar a simple vista como la flexión hacia delante, la extensión o la lateralización. Pero además existen movimientos milimétricos de ajuste en cada una de las vértebras, que son los responsables de la versatilidad y posibilidades de movimiento de esta estructura.

Comenzando desde arriba, existen siete vértebras cervicales, doce vértebras dorsales, cinco vértebras lumbares, cinco vértebras sacras fusionadas y sin movimiento entre ellas y el hueso cóccix. Las vértebras no forman una columna completamente recta, sino que posee unas curvas fisiológicas para compensar los efectos de la gravedad y del peso de los diferentes segmentos del cuerpo. Las curvas consideradas como normales producen inclinaciones de las vértebras en el plano anteroposterior, mientras que las desviaciones laterales se consideran como patológicas.

Tomando como referencia la zona posterior, la zona cervical y lumbar son cóncavas mientras que la zona dorsal y el sacro son convexos. Estas curvas se consideran normales si están dentro de unos rangos permitidos, pero el aumento o disminución de su curvatura pueden originar problemas, entre los que encontramos el dolor de espalda a

todos sus niveles. Por todo ello es fundamental para su prevención y alivio el conocimiento adecuado de nuestra posición corporal y anatomía, evitando así perpetuar situaciones que agraven o desencadenen nuestra dolencia.

Esquema de los elementos comunes de las vértebras

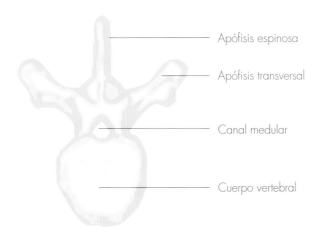

- Apófisis espinosa
- Apófisis transversal
- Canal medular
- Cuerpo vertebral

Apófisis espinosa: Situadas en la parte posterior y fácilmente reconocibles y visibles a través de la piel, sobre todo cuando nos flexionamos hacia delante.

Apófisis transversal: Situadas a ambos lados del arco vertebral. Son origen de muchos músculos y ligamentos.

Canal medular: Este orificio protegido por la estructura ósea que lo circunscribe está destinado al paso de la médula espinal, estructura fundamental del sistema nervioso. Este orificio es mayor cuanto más arriba nos situamos en la columna, debido a que la médula es más gruesa cuando sale del cráneo y progresivamente disminuirá su grosor al irse separando los nervios que se dirigen a las regiones superiores como los brazos y el tronco.

Cuerpo vertebral: Es la zona ósea más gruesa y responsable de la mayor parte de la carga del peso corporal. Su tamaño será mayor por tanto cuanto más descendemos por la columna, para soportar cada vez más peso. Cada uno de estos cuerpos vertebrales está separado por un disco intervertebral de tejido conjuntivo.

Los discos intervertebrales

Los discos intervertebrales son estructuras de tejido conjuntivo situadas a modo de almohadillas entre los cuerpos vertebrales. Gracias a ellos se consiguen movimientos suaves y precisos entre todo el conjunto de la columna, ya que se deforman en la zona que se necesita para evitar tensiones y lesiones. En los movimientos de flexión hacia delante de la columna, se aplastarán en su zona delantera y se engrosarán en su zona posterior. En los movimientos de extensión ocurrirá el fenómeno contrario.

Debido a las presiones variables que soporta esta estructura, puede sufrir lesiones importantes como las hernias discales.

Los ligamentos

Los ligamentos son estructuras no contráctiles que unen dos huesos para dar estabilidad a su articulación. Existen grandes ligamentos que recorren todas y cada una de las vértebras, y existen otros que relacionan las vértebras individualmente. Hay ligamentos que unen las apófisis entre sí, y cualquier desajuste en uno de ellos puede dar lugar a una mala colocación entre dos vértebras, desencadenando así una dolencia.

Los músculos

Todos los elementos que hemos visto hasta el momento son pasivos, es decir, aportan estabilidad a la columna de una manera estática y sin que podamos apenas influir sobre ellos voluntariamente. Sin embargo, la musculatura será la encargada de proporcionar un sostén más dinámico, ajustando las necesidades de la columna durante su movimiento.

De la misma manera, existen músculos más pequeños y profundos que unen las vértebras una a una. Abarcarán más vértebras cuanto más superficiales sean, hasta acabar relacionando el movimiento de la columna con el de la pelvis y los brazos.

Los músculos tienen una importante función sobre las dolencias de la espalda, ya que es difícil influir sobre las alteraciones de estructuras pasivas; sin embargo, es muy sencillo trabajar sobre la musculatura con el ejercicio y el masaje terapéutico. Si mantenemos la musculatura de nuestra espalda fuerte, elástica y equilibrada podremos conseguir una correcta alineación postural que prevenga, reduzca e incluso elimine nuestras dolencias de espalda. Una musculatura con estas características garantiza una mejor protección de las estructuras pasivas que conforman la columna vertebral.

Comenzando por la espalda

Músculos abdominales: El recto anterior y oblicuo sirven de protección a la faja abdominal. Su contracción provoca la flexión hacia delante del tronco, su rotación y la vasculación posterior de la pelvis, disminuyendo la curvatura de la columna lumbar.

Psoas ilíaco: Se origina en la columna lumbar y se inserta en el fémur, el hueso largo de la pierna. Su contracción provoca la flexión de las piernas y el aumento de la curvatura de la columna lumbar.

Glúteo mayor: Músculo que recubre la región posterior de la pelvis. Su contracción produce la extensión de los miembros inferiores y la vasculación posterior de la pelvis, corrigiendo la curvatura de la columna lumbar.

Paravertebrales: Cordón situado a ambos lados de toda la columna vertebral, compuesto por músculos de diferentes tamaños e inserciones. Su función son las pequeñas contracciones milimétricas de ajuste que acompañan a los movimientos más groseros de la columna. Obtenemos así un efecto armónico y suave, evitando pinzamientos y lesiones.

LA HIGIENE POSTURAL: CÓMO EVITAR LAS MALAS POSTURAS

El mantenimiento prolongado de posturas incorrectas es uno de los factores externos que más influyen en la aparición, incremento y perpetuación del dolor de espalda. A continuación, se muestran unos sencillos consejos para evitarlas a lo largo de nuestras actividades de la vida diaria.

01. ACOSTADOS EN LA CAMA

La postura más idónea para dormir es apoyándonos sobre un costado, es decir, tumbados de lado y con las piernas flexionadas ligeramente. Para mayor comodidad podemos colocar un almohadón o cojín entre las piernas para separarlas. Evitaremos la postura de tumbado boca abajo y si es imprescindible, dormiremos con una almohada bajo la tripa. Tampoco es recomendable acostarse tumbado boca arriba sin una almohada que nos flexione las rodillas, colocándola debajo de estas. El 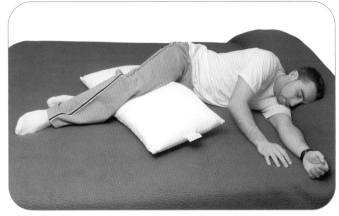 colchón debe tener una dureza intermedia, ni muy blando ni muy rígido, pero siempre recto (sin combarse). Por último, la altura de la almohada variará en función de que nos mantenga el cuello en posición horizontal, ni muy arriba ni muy abajo, sino alineado con el cuerpo.

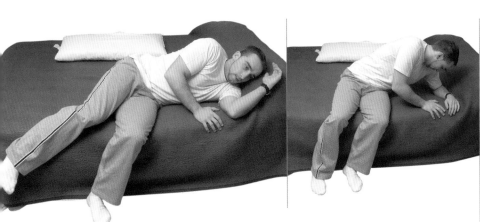

02. LEVANTARSE DE LA CAMA

Para incorporarnos de la cama no debemos hacerlo de frente. Primero nos colocaremos tumbados sobre un costado o lateral, cerca del borde de la cama. Sacaremos las piernas progresivamente fuera de la cama y simultáneamente con la ayuda del brazo, incorporamos el tronco de forma lateral hasta quedarnos en la posición de sentados en el borde.

03. Sentados

La altura de la silla nos debe permitir el apoyo completo en el respaldo y a la vez tener ambos pies apoyados en el suelo. Si es necesario podemos utilizar un pequeño banquito a modo de reposapiés unilateral. El respaldo ideal cubrirá hasta media altura con una angulación pequeña hacia atrás con la línea vertical. Tanto la cadera, como la rodilla y el tobillo están flexionados a noventa grados, no quedando nunca la rodilla por encima de la cadera para no sobrecargar el apoyo en la pelvis y el sacro. No debemos cruzar las piernas y para girarnos, lo haremos rotando todo el cuerpo en bloque sin rotar el tronco parcialmente a cualquier altura. Los sofás blandos que se hunden en exceso tampoco son adecuados y procuraremos levantarnos cada hora para no permanecer mucho tiempo en la misma posición.

04. Para incorporarnos desde la posición de sentados, nos ayudaremos de apoyo en los antebrazos de la silla y manteniendo la espalda recta en todo momento.

05. Conducción

Aplicaremos las mismas normas que para estar correctamente sentados. Los brazos estarán con los codos semiflexionados y las piernas con apoyo del talón del pie. Para entrar en el coche, lo haremos de espaldas, sentándonos en primer lugar con los pies fuera de la carrocería y después giraremos todo el cuerpo en bloque hasta colocarnos de frente al volante. El reposacabezas permite un tiempo breve de relajación de la musculatura.

06. En el trabajo

Si trabajamos de pie debemos cambiar los pies de posición de manera frecuente, utilizar los reposapiés, alternar las posturas que nos hagan más fácil el movimiento que realizamos en cada momento, adaptar la altura de nuestro puesto según el esfuerzo que realizamos. Si estamos sentados, ajustaremos la altura de la silla a unos 25 a 35 centímetros por debajo de la superficie de apoyo y utilizaremos los reposapiés. Si tenemos que leer un documento será mejor con atril, ya que nos permite no inclinar el tronco. Evitaremos en la medida de lo posible las posiciones de cuclillas, encorvado, de rodillas y estirado.

Trabajo con el ordenador

La distancia adecuada a la pantalla será de unos cuarenta hasta sesenta centímetros aproximadamente, y se encontrará elevada entre quince a veinte grados por encima de la horizontal, para situar la flexión del cuello en la posición idónea sin sobrecargar la musculatura ni la columna vertebral cervical. La situaremos en frente de la mirada del lector sin rotación de cuello ni tronco hacia ningún lado. El teclado se situará unos centímetros por encima del apoyo del codo en la mesa, nunca trabajaremos con los brazos sin apoyar

para no sobrecargar los hombros, ni lateralizado para evitar rotar el tronco. Pararemos diez minutos por cada hora de trabajo, haciendo unos suaves ejercicios y estiramientos.

07. Estar de pie mucho tiempo

Mantenemos esta posición frecuentemente cuando nos lavamos los dientes, fregamos los platos, cocinamos, planchamos o esperamos a alguien. La postura idónea será con una pierna flexionada sobre un banquito de unos veinte centímetros de alto, corrigiendo así la curva lumbar. Alternaremos constantemente el peso de una pierna a la otra. La tarea se situará a la altura de los miembros superiores, sin obligar a éstos a elevarse constantemente porque está muy alto o a flexionar el tronco hacia delante porque está bajo. Hay que evitar estar mucho tiempo de pie sin moverse, por lo que debemos intercalar las actividades en diferentes posiciones.

08. Coger peso

Lo primero que debemos tener en cuenta es coger el menor peso posible. Si es imprescindible doblaremos nuestras rodillas para acercarnos al suelo (pudiendo incluso apoyar una rodilla en el suelo), pero nunca inclinaremos el tronco hacia delante. Una vez elevado, lo pegaremos lo más posible al cuerpo. Tampoco debemos recoger cosas en alto, utilizando para ello escaleras o banquitos de manera que la carga llegue a nuestra altura. Contraeremos los abdominales y levantaremos la carga progresivamente (nunca de forma brusca).

09. Los bolsos

No deben contener mucho peso y la situación ideal es llevarlos cruzados en forma de bandolera. Todo tipo de mochilas y carteras son la manera ideal de desplazar pesos, siendo prudentes en alternar los lados.

10. El calzado

Para evitar una mala posición de la columna, debemos evitar calzado con un tacón inferior a un centímetro y medio o superior a tres centímetros aproximadamente. Tan perjudicial es un zapato de tacón alto como uno completamente plano.

11. Barrer o pasar la aspiradora

El mango debe ser largo para permitirnos llegar al suelo sin flexionar el tronco. Si tenemos que limpiar debajo de una cama o mesa, apoyaremos una o dos rodillas en el suelo hasta ponernos a la altura de la tarea y, de este modo, no forzar así la espalda en flexión.

12. Bolsas de la compra

Cuando llevamos bolsas en nuestras manos debemos llenarlas con poco peso y repartirlo en ambos lados.

13. Desplazamiento de objetos por el suelo

Empujar es mejor que tirar tanto para los objetos pesados (mobiliario) como para los objetos con ruedas que arrastramos por el suelo (carro de la compra, mochilas con carrito, etc.). Debemos situarlos delante y nunca detrás, ya que esto nos obliga a tirar de ellos con el cuerpo rotado de forma asimétrica.

17. Cuidado de los niños

Tanto coger al niño de la cuna como bañarlo se realizará mediante la flexión de rodillas que impida la sobrecarga de la columna vertebral. Para enseñar a andar al niño, no nos situaremos detrás de él, sino delante. Le ayudaremos desde las manos, con nuestras rodillas completamente flexionadas y la espalda recta. Si tenemos que desplazar al niño en carga, lo realizaremos lo más pegado al cuerpo que podamos, por ejemplo en un lateral y con una pierna a cada lado de nuestro cuerpo.

¿Es bueno el reposo para el dolor de espalda?

El organismo está diseñado para el movimiento y su mayor enemigo es la inmovilidad. El dolor crónico de espalda no mejora con el descanso, sino con el ejercicio adecuado, a pesar de las creencias tradicionales.

El descanso únicamente estará indicado en dolores agudos o muy intensos, pero el reposo no será total. El descanso o reposo relativo es aquel que nos permite ciertos períodos de actividad controlada y en movimientos no dolorosos. Durará el menor tiempo posible y progresivamente aumentaremos la intensidad de la actividad hasta alcanzar el ritmo de vida normal.

Si necesitamos calmar el dolor, la mejor postura para ello será tumbado lateralmente y con las rodillas flexionadas al pecho. También podemos tendernos boca arriba con unas almohadas en las piernas de modo que nos queden las caderas y las rodillas flexionadas a noventa grados.

La aplicación de frío o calor local también pueden servirnos de método casero para reducir el dolor. Nunca se aplicará en periodos de más de 25 minutos varias veces al día.

14. Trabajos en alto

Debemos evitar los trabajos con los brazos por encima de los noventa grados como limpiar cristales o zonas altas de armarios. Utilizaremos pequeñas escaleras o banquitos para elevarnos hasta situar la tarea a nuestra altura.

15. Hacer la cama

Lo más importante es no inclinar el tronco. Agachándonos siempre mediante la flexión de rodillas, incluso apoyándolas en el suelo si es necesario.

16. Atarnos los cordones de los zapatos

Lo haremos desde la posición de sentados, cruzando una pierna por encima de la otra para acercarnos el zapato y no tener que flexionar la espalda hacia delante.

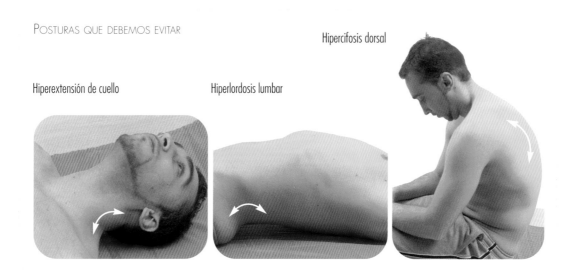

Hiperextensión de cuello

Hiperlordosis lumbar

Hipercifosis dorsal

HÁBITOS SALUDABLES

Debemos mantener una actividad física regular. Esta actividad será adaptada a las condiciones específicas de cada persona, influyendo factores como la edad, sexo o dolencia. Cuando existe dolor, la actividad se mantendrá en el grado en que éste nos lo permita. Evitar el sedentarismo es fundamental para luchar contra el dolor de espalda. Un ejemplo de actividad útil y fácil para todo el mundo es caminar una hora al día.

Reducir el estrés. Para evitar el aumento del tono muscular que produce que las contracturas se hagan crónicas. Aumentamos también el umbral de percepción del dolor. El masaje relajante puede ayudarnos a prevenir y evadirnos de las situaciones estresantes.

Dieta alimenticia sana y nutritiva. Adecuada a nuestras características individuales.

Evitar el consumo de tóxicos. Como son el alcohol y el tabaco.

EJERCICIOS PARA LA ESPALDA

Prestaremos especial atención para que durante todos los ejercicios mantengamos la espalda en contacto con el suelo en todos sus segmentos. Para ello contraeremos la musculatura de la región abdominal y llevaremos la barbilla en dirección hacia la nuez.

No debemos olvidar que no todos los problemas de espalda tienen el mismo origen y que existen patologías más graves que otras. En todos los casos debemos conocer con precisión cuál es nuestro problema y para ello debemos consultar a un profesional que nos oriente en la aplicación de los ejercicios que más nos convienen. A continuación, se describen los ejercicios ideales para mantener sana nuestra espalda.

Aplicaremos el control de la respiración durante todos los ejercicios, tomando el aire durante el inicio del movimiento y el descanso y expulsando el aire a lo largo de todo el esfuerzo.

TUMBADO BOCA ARRIBA

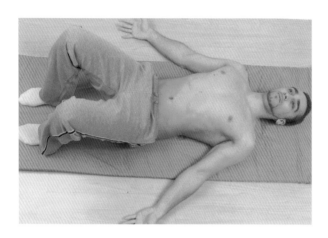

01. Comenzamos unos minutos en la posición inicial de base. Nos situaremos tumbados boca arriba con las piernas flexionadas, los pies apoyados en el suelo, los brazos extendidos y relajados a lo largo del cuerpo y llevando las palmas de las manos en dirección a los pies para descender el hombro. El cuello y la zona lumbar estará siempre en contacto con la superficie de apoyo. Para conseguirlo mantendremos una suave contracción abdominal y meteremos la barbilla.

02. En la misma posición empujaremos con fuerza la zona lumbar contra el suelo, poniendo en mayor tensión la zona abdominal y los glúteos. Mantenemos durante cinco segundos y relajamos.

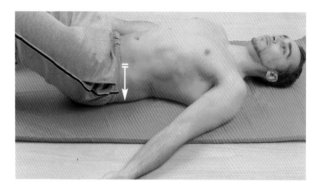

03. A continuación flexionamos una pierna al pecho mientras que la otra permanece apoyada con el pie en el suelo. Una vez que llegue al pecho por la contracción activa, la abrazaremos con nuestros brazos y presionaremos hacia el pecho durante unos segundos. Cuando la primera haya descendido y se haya apoyado en el suelo, será el turno de la otra pierna que repetirá la misma secuencia. El tronco permanecerá relajado durante todo el movimiento y lo repetiremos de manera alterna diez veces con cada pierna.

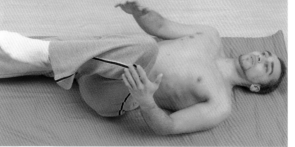

04. Llevar las dos piernas dobladas hacia el pecho desde la posición de apoyo con los pies en el suelo y piernas flexionadas. Prestaremos especial atención para que los hombros no se separen del suelo. Después de mantener unos segundos, descenderemos lentamente hasta contactar de nuevo con el suelo. Si resulta molesto, podemos bajar primero una pierna y luego la otra. Repetiremos diez veces la secuencia.

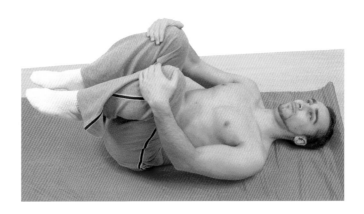

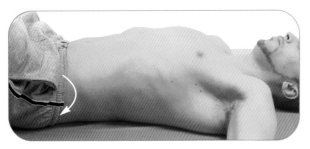

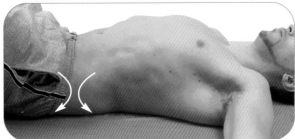

05. Se conoce con este nombre al movimiento de la pelvis sobre su eje transversal. Rotaremos nuestra pelvis hacia atrás, exagerando el movimiento, para después relajarla y que regrese pasivamente a su posición inicial. Este movimiento es difícil de integrar las primeras veces, pudiéndonos imaginar para facilitarlo que debemos meter el ombligo hacia el suelo. La musculatura abdominal es la máxima responsable de este movimiento, que repetiremos otras diez veces.

06. Partiremos de este movimiento con el brazo y la pierna del mismo lado estirados. La pierna contraria permanecerá flexionada para conservar la correcta colocación de la columna vertebral lumbar. Comenzaremos a elongar el brazo y la pierna estirados, como si quisiésemos crecer, separándolos en direcciones opuestas. Mantendremos la postura unos segundos y relajaremos. Una vez que repitamos diez veces la secuencia con un lado, será el turno del otro, invirtiendo la colocación de los miembros.

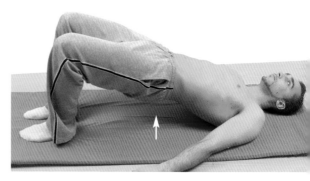

07. Los pies de ambas piernas permanecerán apoyados durante todo el ejercicio. Con una flexión de tronco originada en la zona abdominal, elevaremos unos centímetros los hombros del suelo, suficientes para tocarnos las rodillas con nuestras manos. Después de repetir diez veces manteniendo unos segundos arriba, descansaremos para ejercitar los músculos oblicuos del abdomen. Para ello realizaremos la misma secuencia pero esta vez cada mano tocará la rodilla contraria, rotando el tronco ligeramente.

08. Es el turno de ejercitar la musculatura glútea. Desde la posición inicial de partida elevaremos la pelvis del apoyo del suelo hasta prácticamente alinear el cuerpo. El punto de apoyo serán los pies, pero no debemos hacer fuerte presión con ellos contra el suelo, sino que el movimiento debe salir de la contracción del glúteo mayor. Durante todo el movimiento mantendremos una correcta vasculación pélvica posterior y corrección de la curva lumbar aprendida en los ejercicios previos.

09. Cruzaremos una pierna por encima de la otra flexionada. De forma activa elevaremos la pierna apoyada del suelo para acercar las dos hacia el pecho, y una vez arriba, nos ayudaremos de las manos para aumentar el estiramiento. Notaremos tensión en la zona del glúteo de la pierna que está cruzada. A continuación descenderemos lentamente gracias a la contracción inicial. Después de diez repeticiones cruzaremos la pierna contraria.

10. Colocaremos ambos miembros inferiores con los pies apoyados y las rodillas flexionadas durante todo el recorrido, rotaremos el tronco para intentar tocar el suelo con las rodillas por un lateral. Acto seguido rotaremos al lado contrario. Repetiremos veinte veces la secuencia sin movimientos bruscos para no sobrecargar la zona lumbar.

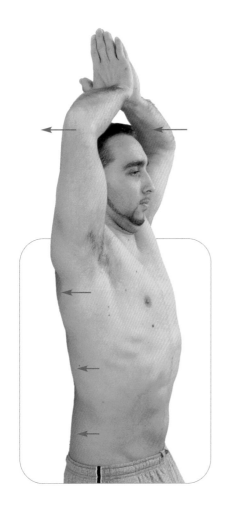

12. La vasculación pélvica posterior en bipedestación es más complicado ya que el punto de apoyo está más alejado. Desde la misma posición, contraeremos la musculatura abdominal hasta empujar la pared con la zona lumbar. Exageraremos el movimiento con fuerza para que la pelvis rote, a la vez que nos estiramos y enderezamos como si quisiésemos crecer. Mantendremos durante al menos un minuto y aumentaremos progresivamente con la experiencia.

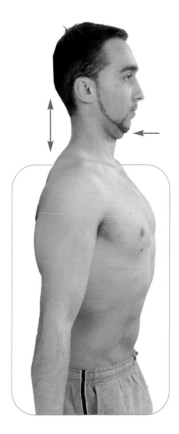

13. Por último en esta posición corregiremos la curvatura de la columna vertebral cervical, metiendo barbilla hacia la pared. Flexionaremos la cabeza sin dejar de mirar al frente y sin perder el contacto de ésta con la pared, notando cómo aumenta la tensión y el estiramiento en la parte posterior. Debemos sentir la elongación y el crecimiento de la parte posterior del cuerpo hacia arriba. Mantendremos un minuto o más, prestando atención a la zona lumbar para que no pierda contacto con la pared.

11. La posición inicial de partida será de espaldas a una pared y con toda la columna vertebral y hombros en contacto con ella. Si nos resulta complicado, podemos adelantar unos centímetros los pies para separarlos de la pared. A continuación juntamos las palmas de las manos encima de nuestra cabeza con los codos separados, haciendo fuerza como si quisiésemos tocar la pared con ellos por los laterales. Mantendremos un minuto la posición y cuando adquiramos práctica podemos llegar hasta los quince minutos.

El control de la curvatura lumbar se deberá tener en cuenta durante el recorrido de todos los ejercicios. Para ello contraeremos la musculatura abdominal, dirigiendo el ombligo hacia el techo como «metiendo tripa». Nunca dejaremos que la región lumbar se relaje hacia abajo, aumentando así la curvatura. De igual manera y para no sobrecargar la columna vertebral cervical, no dirigiremos la mirada al frente, sino que permaneceremos con el cuello recto y mirando al suelo durante todo el ejercicio.

14. Con el apoyo de las manos y las rodillas, encorvaremos la espalda hacia arriba estirando toda la zona posterior y contrayendo la zona anterior del tronco. Cuando alcancemos una posición máxima, mantendremos unos segundos y descenderemos sin hacer fuerza, solamente por el peso de la gravedad. Repetiremos diez veces este ejercicio conocido como «el gato».

15. En primer lugar flexionaremos una pierna al pecho encorvando espalda como en el ejercicio anterior para después estirarla lentamente hacia atrás. Durante todo el recorrido prestaremos atención a la colocación correcta de la curva lumbar. Cuando apoyamos de nuevo la rodilla, cambiaremos de pierna hasta repetir diez veces con cada una.

El dolor de espalda

33

16. Seguidamente levantaremos un brazo y la pierna contraria, extendiéndolos hacia delante y hacia atrás respectivamente. Mantendremos el equilibrio en la posición cinco segundos y descenderemos a la posición inicial. Invertiremos los miembros que se elevan manteniendo el equilibrio en la posición contraria, hasta repetir veinte veces el ejercicio en total.

17. Este ejercicio será similar al anterior con la diferencia de que los miembros que se elevan son homolaterales. Primero se extenderá el brazo y la pierna derechos y posteriormente el brazo y la pierna izquierdos. El número de repeticiones será de diez con cada lado.

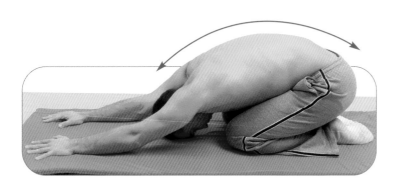

18. Para finalizar con la tabla de ejercicios estiraremos toda la columna de manera global. Esta posición se conoce como «el rezo musulmán» y consiste en sentarse sobre los talones desde la posición a cuatro patas en la que nos encontramos. La columna cervical quedará flexionada hacia abajo entre nuestros brazos estirados al frente. Intentaremos elongar la columna, notando cómo crecemos en direcciones opuestas desde arriba y desde abajo. Mantendremos la posición durante uno o dos minutos antes de levantarnos suavemente (para evitar sensación de mareo) mediante la flexión de las piernas y siempre con la espalda erguida.

EJERCICIOS ESPECÍFICOS PARA LA ZONA CERVICAL

Como veremos en capítulos futuros, los ejercicios de la columna cervical son imprescindibles para el tratamiento y mejora de los dolores de la región cervical. La posición idónea para estos ejercicios será sentados en una silla con respaldo y sin antebrazos, para dejar nuestros brazos relajados a lo largo del cuerpo. Ambos pies estarán apoyados en el suelo y las piernas sin cruzar.

Los movimientos serán lentos y sin cambios bruscos. Si durante la realización de los ejercicios apreciamos sensación de mareo, no continuaremos con ellos hasta el día siguiente, para acostumbrarnos de manera progresiva. Ejecutaremos tres series de diez repeticiones, a ser posible tres veces al día.

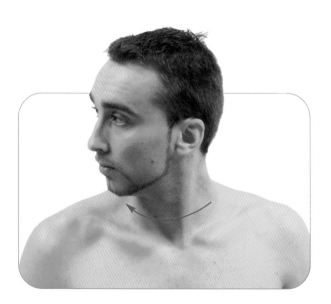

01. Rotación

Giraremos el cuello para acercar la barbilla a uno de los hombros y después al otro, parándonos en la posición central. Cuando lleguemos a la posición máxima de estiramiento mantendremos cinco segundos antes de regresar.

02. Inclinación lateral

Flexionaremos el cuello hacia un lado acercando la oreja al hombro. Mantendremos cinco segundos y regresaremos a la posición inicial. Cuando hayamos acabado con las diez repeticiones, inclinaremos el cuello hacia el otro lado.

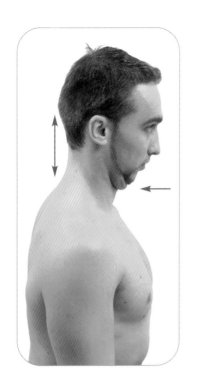

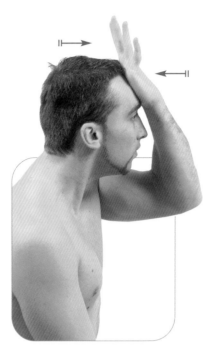

04. Isométrico en flexión

Colocaremos una de nuestras manos en la frente para oponer resistencia y no permitir el movimiento del cuello. Con el cuello haremos fuerza hacia delante en contra de la mano, contrayendo la musculatura de la zona delantera. La cabeza no se moverá de su posición ni durante la contracción durante cinco segundos ni durante la fase de relajación.

03. Extensión axial

Estiraremos la zona posterior del cuello, como si quisiésemos elongarlo. Lo más importante del ejercicio es mirar siempre al frente cuando metamos la barbilla, corrigiendo así la curva cervical.

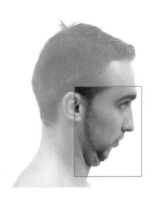

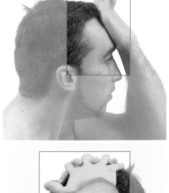

05. Estiramiento en flexión

Flexionaremos el cuello hacia delante, dirigiendo la barbilla a la zona alta del pecho. Con el peso de las manos encima de la cabeza ayudaremos a elongar más la zona. Mantendremos treinta segundos la posición.

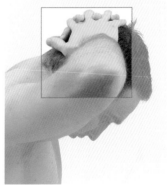

06. Estiramiento en inclinación lateral

La mano nos ayudará a estirar la zona alta del trapecio de ambos lados, situándola encima de la cabeza durante la inclinación lateral del cuello. Treinta segundos a cada lado ayudarán a reducir las contracturas de la zona.

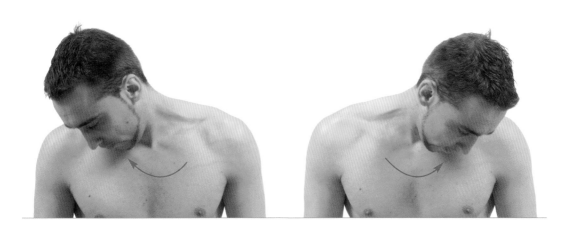

07. Semicírculo cuello

Trazaremos un semicírculo con el cuello, dibujándolo con la barbilla en la zona alta del trapecio. Recorreremos desde un hombro hasta el otro pasando por el esternón. La zona posterior no se completará.

08. Círculos
HOMBROS

Repetiremos diez veces hacia delante y diez hacia detrás para conseguir relajar la musculatura que une la cintura escapular con el cuello, responsable de muchas dolencias.

04 EL MASAJE TERAPÉUTICO PARA LA ESPALDA

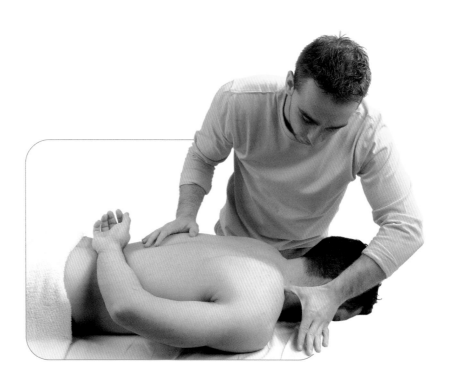

Todos los especialistas coinciden en que el mejor tratamiento para el dolor de espalda es una buena prevención, como se ha expuesto en el capítulo anterior. Otro método preventivo fundamental y terapéutico cuando el dolor ya ha aparecido es el masaje. El masaje es un arma preventiva y terapéutica muy útil para luchar contra su aparición y favorecer su desaparición. Si el origen del dolor de espalda se encuentra en sobrecargas y contracturas musculares tendrá incluso un efecto curativo. Si por el contrario la dolencia tiene una razón más compleja a nivel ligamentario, discal, nervioso u óseo, el masaje únicamente tendrá una finalidad paliativa, evitando la aparición de complicaciones y compensaciones. Con frecuencia se utiliza la palabra algia para localizar las dolencias.

En este capítulo afrontaremos el masaje para las principales zonas de tensión y contracturas musculares de la espalda. Es importante conocer las zonas de la espalda que con más frecuencia sufren alteraciones, debido a su anatomía característica o por la incidencia de los esfuerzos físicos sobre ellas.

CERVICALGIA. EL DOLOR DE LA ZONA CERVICAL O REGIÓN ALTA DE LA ESPALDA

A continuación se describen las regiones más frecuentes donde podemos encontrar contracturas, puntos gatillo o zonas de tensión responsables del dolor a nivel cervical. Una vez conozcamos la anatomía, aplicaremos las técnicas de masaje terapéutico más efectivas en cada región.

EL MÚSCULO TRAPECIO SUPERIOR

Las fibras superiores del músculo trapecio se localizan a ambos lados del cuello. Forman el relieve curvo que podemos apreciar en todas las personas, dependiendo de su masa muscular, entre la cabeza y el hombro. Su contracción provoca la elevación de los hombros o la inclinación lateral del cuello hacia cada lado. Cuando estamos tensos o trabajamos con nuestros brazos forzando o durante un período prolongado, los hombros adquieren esta posición elevada, acumulando tensiones. Esta tensión, si se perpetúa en el tiempo, originará contracturas dolorosas y activación de los puntos gatillo de este músculo.

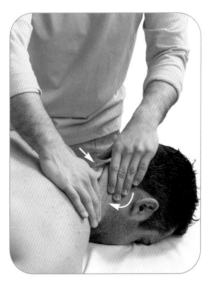 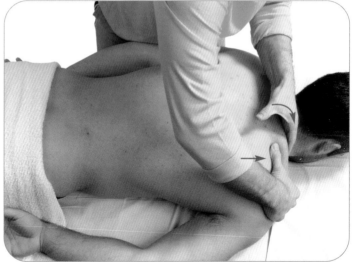

01. AMASAMIENTO DIGITOPALMAR

La persona estará tumbada boca abajo y nosotros en un lateral de la camilla, a la altura de media espalda. Abarcaremos toda la masa muscular, en la zona más cercana al hombro incluyendo el amasamiento con la zona de la palma de la mano. En las fibras musculares del cuello, utilizaremos únicamente los dedos, debido a que su volumen es mucho menor. Alternativamente, desplazaremos hacia abajo la musculatura con los dedos largos, mientras con el dedo pulgar de la mano contraria ejerceremos una fuerza de cizallamiento y compresión en la dirección contraria.

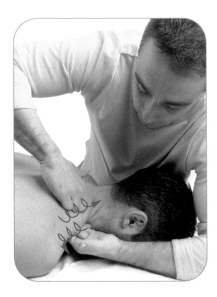

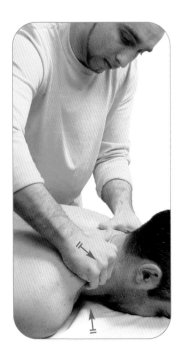

03. Presión en pinza doble

Formaremos una pinza entre el talón de nuestra mano y la punta de los cuatro dedos largos. Introduciremos el trapecio superior dentro de ella, dejando la palma de la mano hacia la superficie de apoyo. Ejerceremos la presión durante algunos segundos en ambos laterales al mismo tiempo, con una mano en cada hombro, o también podemos usar las dos manos en el mismo, dependiendo del tamaño. Apreciaremos cómo el cordón muscular se relaja bajo la presión suave y constante de nuestros dedos.

02. Amasamiento nudillar doble

La persona continúa boca abajo y nosotros nos situaremos a la altura de su cabeza. Colocaremos ambas manos con los dedos flexionados en garra, apoyados sobre la superficie cutánea por los nudillos. Las manos se situarán opuestas, una por delante del hombro y la otra por detrás. El cordón muscular más voluminoso quedará comprimido y amasado entre las dos manos, aplicando movimientos circulares con todos los nudillos a la vez.

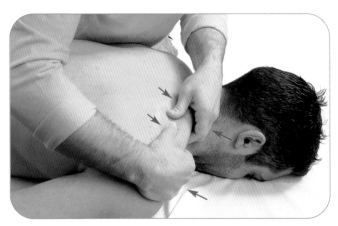

04. Tracción con estiramiento

La persona continúa tendida boca abajo y nosotros en un lateral de la camilla, o en la cabecera si nos resulta más sencillo. La pinza se formará ahora entre los dedos índice y pulgar de cada mano. Juntaremos ambas manos en un mismo hombro, presionando sobre un punto central del trapecio superior. Sin dejar de presionar, ejerceremos al mismo tiempo un rozamiento de tracción en direcciones opuestas. Elongaremos las fibras musculares dirigiendo una mano hacia el hombro y la contraria ascendiendo por el cuello. Cuando hayamos recorrido toda la superficie del músculo, regresaremos al punto de partida para repetir la secuencia varias veces.

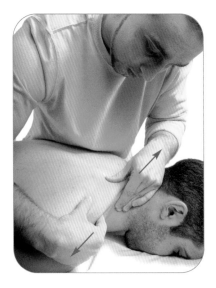

05. Presión puntual

Existe un punto gatillo que con frecuencia se irrita cuando hay dolencia del músculo trapecio. Este punto duele al ser presionado, y mediante el mismo mecanismo tratamos de calmarlo. Con la persona boca abajo, presionaremos encima del trapecio en el ángulo que forman las fibras horizontales del hombro y las verticales del cuello. Utilizaremos la yema de nuestros dedos pulgar o índice, mientras que con la otra mano elevamos el hombro ligeramente para acortar el músculo y reducir así la sensación dolorosa. Mantendremos la presión durante un minuto y medio.

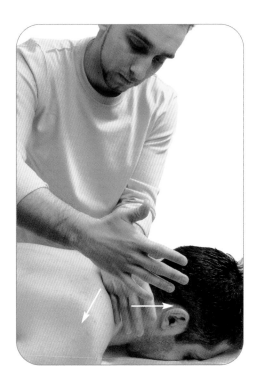

06. Percusión cachete cubital

Evitaremos percutir sobre la zona del cuello y nos centraremos en las fibras horizontales. Imprimiremos mayor intensidad que si fuese un masaje relajante, alternando el golpeteo de las manos. La fuerza se imprimirá desde el borde cubital o del dedo meñique, dejando los dedos relajados para absorber parte de la fuerza de rebote del músculo.

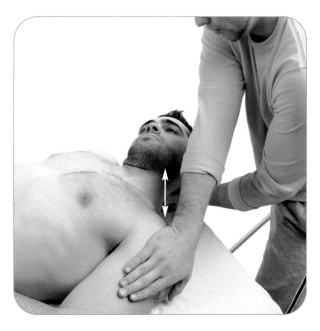

07. Estiramiento de las fibras del trapecio superior

Giraremos a continuación a la persona para tumbarla boca arriba y nosotros sujetaremos su cabeza desde la zona alta de la camilla. Lateralizaremos con una mano la cabeza hacia el lado contrario que estamos masajeando (generalmente trabajaremos primero un lado y luego el otro) y con la otra mano descenderemos el hombro para aumentar la tensión del estiramiento. Prestaremos especial atención para no rotar el cuello y únicamente acercar el pabellón auditivo en dirección al hombro del mismo lado. Mantendremos la fuerza dentro de un rango no doloroso durante al menos un minuto, apreciando cómo la musculatura se relaja y elonga bajo nuestras manos.

El angular del omoplato o escápula es un músculo fino que se origina en las primeras vértebras del cuello y se inserta en la escápula. Su contracción genera el ascenso de la escápula con ligera rotación y la inclinación lateral del cuello hacia el mismo lado. Su sobrecarga es muy frecuente en personas que trabajan durante muchas horas delante de un ordenador, sobre todo cuando la pantalla está desplazada hacia un lado y obliga al cuello a permanecer en constante rotación.

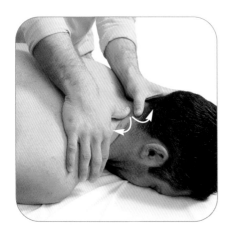

02. AMASAMIENTO DIGITOPALMAR EN LA INSERCIÓN DEL ÁNGULO DE LA ESCÁPULA

El punto de inserción de las fibras musculares de este músculo en la escápula es el ángulo superior y medial. Para hacerlo más accesible a nuestras manos, pediremos a la persona, tumbada boca abajo, que coloque su mano apoyada encima de su columna lumbar y relaje el brazo en esa posición. De esta manera apreciaremos cómo la escápula «sale» hacia la superficie y se hace más fácilmente palpable. Nosotros nos situaremos a un lado de la camilla, a la altura media de la espalda. Apoyaremos nuestras manos sobre el cordón muscular que queda ahora accesible, para cizallarle con el movimiento digitopalmar. Debido al pequeño tamaño de la zona a masajear, prácticamente utilizaremos la punta de los dedos largos para abarcar la masa muscular y el pulgar contrario para comprimir. La palma de la mano y el resto de la superficie de los dedos quedará elevada y sin contacto con el tejido cutáneo durante la secuencia.

01. AMASAMIENTO CON LOS PULGARES EN SU INSERCIÓN VERTEBRAL

La persona que recibe el masaje terapéutico se encuentra tumbada boca abajo en la camilla, con las manos a lo largo del cuerpo. Nosotros nos situaremos en la cabecera y apoyaremos los dedos pulgares de ambas manos sobre un lateral de la columna cervical. Evitaremos masajear por encima de las apófisis espinosas centrales, aplicando los movimientos circulares alternativos de nuestros dedos sobre el cordón paravertebral cervical.

03. PRESIÓN CON EL PULGAR

Presionaremos a continuación la zona de inserción en la escápula con nuestro dedo pulgar. Mantendremos la posición anterior de la persona, boca abajo y con el hombro en rotación interna y extensión para palpar mejor el borde vertebral de la escápula. La fuerza se aplicará en dirección hacia abajo, para estirar las fibras musculares. Mantendremos de manera constante durante un minuto y medio, sintiendo la elongación de la inserción y la relajación de la escápula bajo nuestro dedo.

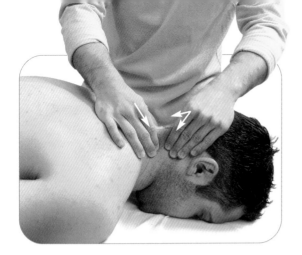

04. PRESIÓN EN PINZA DE LA ZONA DE INSERCIÓN CERVICAL

La persona continúa boca abajo, pero ya puede relajar los brazos a lo largo del cuerpo. Formaremos una pinza entre nuestros dedos pulgar e índice. Tomaremos con ella el tejido cutáneo y los cordones paravertebrales de la región cervical alta. Presionaremos mediante el «pellizco» de los tejidos durante unos minutos.

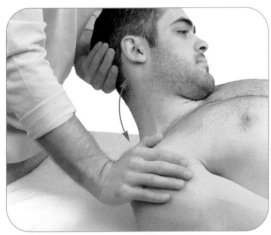

05. ESTIRAMIENTO ANGULAR DE LA ESCÁPULA

Giramos a la persona, pidiéndole que se coloque tendida boca arriba con los brazos relajados a los lados del cuello. Nosotros nos situaremos a la cabecera de la camilla. Para poder estirar las fibras de este músculo tenemos que provocar una flexión hacia delante del cuello y a la vez una flexión lateral hacia el lado contrario del músculo que queremos estirar. Para ello tomaremos la cabeza de la persona y la apoyaremos en nuestro abdomen para provocar la flexión hacia delante. A continuación, empujaremos con una de nuestras manos en dirección lateral, acercando el pabellón auricular hacia el hombro.

EL TORTÍCOLIS

El tortícolis es una dolencia provocada por diversas causas, como dormir con una postura forzada del cuello, un movimiento brusco o incluso en los recién nacidos puede deberse a una mala posición en el útero. En todos los casos, los músculos que se afectan son los esternocleidomastoideos, responsables de la rotación de la cabeza. En el caso de los neonatos se produce una fibrosis del tejido muscular, sin embargo en los casos más sencillos se produce una contractura o un sobreestiramiento de las fibras musculares. En algunos casos la dolencia se atribuye a la falta de riego sanguíneo debido a la posición forzada y mantenida en el tiempo.

Los músculos esternocleidomastoideos se originan en la región del temporal del cráneo situada detrás del pabellón auricular y se insertan en el esternón y la clavícula.

El objetivo del masaje terapéutico será restablecer todo el recorrido en rotación del cuello sin que aparezca dolor. Por ello, pediremos a la persona que padece la dolencia una contracción activa durante la aplicación de cada una de las técnicas de masaje. Aplicaremos la primera técnica en un lado y cuando finalicemos, pediremos a la persona que gire el cuello al lado contrario para realizarla en el músculo del otro hemicuerpo. De esta manera pretendemos no mantener durante mucho tiempo el giro de la cabeza hacia un mismo lado. Después continuaremos con la segunda técnica girando el cuello hacia el primer lado. Esto nos facilitará además la localización del cordón muscular, ya que con la rotación de cabeza, se hace visible sobre el relieve cutáneo.

01. Fricción circular en la inserción alta

La persona se encontrará tumbada boca arriba, con los brazos relajados a lo largo del cuerpo y el cuello rotado hacia un lado. Nuestro dedo pulgar nos servirá para aplicar los círculos fijos en la zona baja de la oreja. Recordaremos que al tratarse de un movimiento de fricción, no habrá deslizamiento de la yema del dedo por la piel, sino que masajearemos directamente como un todo hasta alcanzar las fibras musculares.

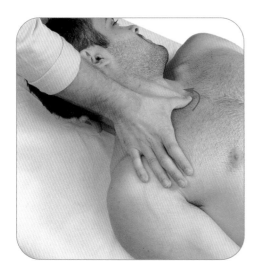

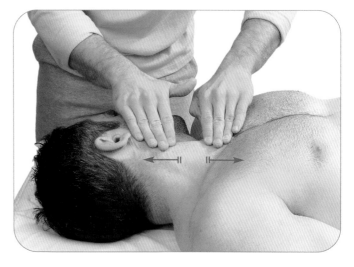

02. Fricción circular en la inserción baja

Repetiremos el mismo procedimiento que en la técnica anterior, con la persona situada en la misma posición y con una contracción activa suave. Ahora los círculos fijos se centrarán en el punto de inserción cercano al esternón y a la clavícula.

03. Roce del vientre muscular con estiramiento

Cubriremos todo el relieve del cordón muscular con las yemas de nuestros dedos largos de ambas manos. Con un suave movimiento de roce, los deslizaremos en direcciones opuestas para recorrer toda la superficie del músculo. Una mano se deslizará hacia la inserción alta y la otra mano hacia la inserción baja, aplicando al mismo tiempo una tensión de estiramiento global de las fibras.

EL DOLOR DE CABEZA DE ORIGEN TENSIONAL

El diagnóstico del especialista puede descartar a veces los dolores de cabeza de origen interno y encontrar una causa muscular. Es lo que conocemos como las cefaleas tensionales. El aumento de la tensión y contracturas en la musculatura de la zona cervical puede dar origen a dolores de cabeza debido a que se insertan en la zona occipital y temporal del cráneo. Es frecuente que el dolor de cabeza se focalice en una región u otra, dependiendo del músculo que encuentra en tensión.

Esternocleidomastoideo: El dolor se irradia hacia la zona occipital o posterior del cráneo, la cara y el oído.

Angular de la escápula: Región occipital baja, cervical y cara posterior del hombro.

Trapecio: Región occipital baja, detrás del oído, parte superior de la ceja y frente.

Paravertebrales cervicales: Región occipital y parietal (lateral) del cráneo, llegando a veces a la región frontal.

El masaje terapéutico se compondrá de las técnicas descritas anteriormente para cada músculo, según su origen. Además sumaremos estos dos pasajes destinados a relajar los pequeños músculos intervertebrales de la zona cervical alta y occipital. Estos músculos están acostumbrados a mantenerse en contracción constante para estabilizar la cabeza en contra de la gravedad, en lo que se conoce como contracción tónica. El objetivo de estas técnicas es relajarlos para evitar contracturas.

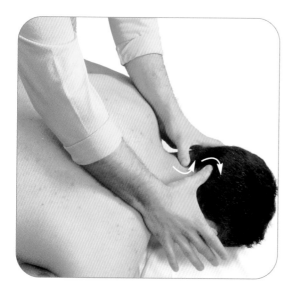

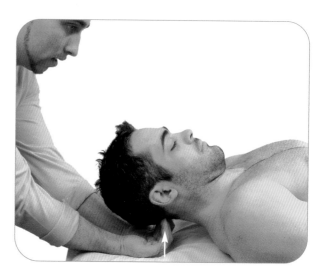

01. MASAJE CON LOS PULGARES EN ZONA NUCO-OCCIPITAL

La persona se encontrará tumbada boca abajo y nosotros a un lateral de la camilla. El masaje alternativo y circular de los dedos pulgares comenzará en la zona cervical y ascenderemos hasta la zona posterior de la cabeza, masajeando por encima del cabello. Trazaremos diferentes líneas verticales, unas centrales y otras cada vez más laterales, pero siempre en dirección hacia arriba y estirando la musculatura.

02. PRESIÓN CON APOYO DE LA CABEZA

La persona se girará para tenderse boca arriba, mientras nosotros tomamos el peso de su cabeza en nuestras manos. Situaremos las puntas de nuestros dedos largos en la región occipital o posterior del cráneo, dejando apoyar la cabeza suavemente sobre ellas. A su vez nosotros apoyaremos nuestras manos en la camilla para mantener la posición durante varios minutos. Prestaremos especial atención para no presionar en la zona cervical con nuestros dedos, provocando así una hiperextensión de cuello y dolor en las apófisis espinosas de las vértebras. La barbilla se mantendrá todo el tiempo metida.

REGIÓN ESCAPULAR Y DORSAL ALTA

Para masajear esta zona en profundidad, colocaremos el hombro en rotación interna, consiguiendo así que la musculatura de la escápula se relaje. De esta manera conseguiremos masajear los músculos superficiales y profundos de la región dorsal alta. La persona se encontrará tumbada boca abajo y tomaremos su mano para colocarla en la región lumbar o glútea (dependiendo de la flexibilidad de cada individuo). El brazo permanecerá relajado y semiflexionado, con el codo prácticamente apoyado sobre la camilla y la escápula sobresaliendo del relieve cutáneo.

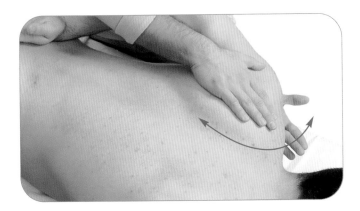

02. FRICCIÓN DEL MÚSCULO ROMBOIDES

Utilizaremos para ello la punta del dedo índice. Mediante fricciones circulares sin deslizamiento sobre la piel, recorrerá las fibras musculares que se sitúan entre la columna vertebral y la escápula. Este espacio contiene las fibras musculares de los músculos romboides, y con la posición en rotación interna del brazo quedan ahora accesibles a nuestras manos. No presionaremos con excesiva fuerza para no provocar una contracción en respuesta al dolor.

01. MOVIMIENTOS CIRCULARES DE LA CINTURA ESCAPULAR

Reduce las contracturas de los músculos que se insertan en la escápula. Desde la posición descrita, nos situaremos en el mismo lado de la camilla del hemicuerpo a tratar. Colocaremos una mano debajo del hombro y la otra encima de la escápula, para imprimir un movimiento circular. Comenzaremos en una dirección y después de varias repeticiones seguiremos en el sentido contrario. La persona no debe ayudarnos a mover la cintura escapular con su contracción muscular, lo que a veces puede resultar difícil. Deberá aprender a relajarse, dejándose llevar por el movimiento que nosotros le imprimimos y liberando así la tensión de los músculos.

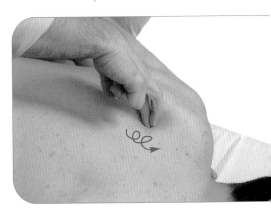

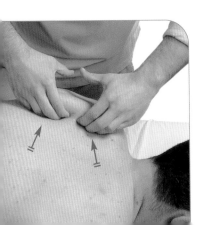

03. PRESIÓN DEBAJO DE LA ESCÁPULA

Los cuatro dedos largos de una mano tratarán de hundirse debajo de la escápula, a la vez que la «despegan» suavemente del tórax. Introduciremos los dedos por el borde de la escápula cercano a la columna vertebral y ahora levantado con la rotación interna en la que permanece el hombro. Presionaremos suavemente los músculos que nos vayamos encontrando hasta conseguir que cedan y podamos hundir un poco más los dedos.

Las siguientes técnicas se aplicarán con la persona todavía tumbada boca abajo, pero relajando ambos brazos a lo largo del cuerpo, por lo que eliminaremos la rotación interna del hombro.

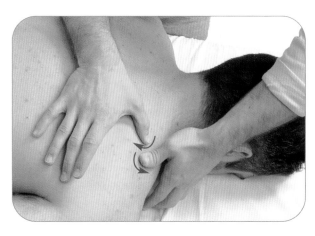

04. Amasamiento digital

Este amasamiento se utilizará en toda la región dorsal, deslizando nuestras manos desde abajo hacia arriba (situándonos a un lado de la camilla) o al contrario (situándonos a la cabecera de la camilla). Los movimientos circulares con las yemas de los dedos largos amasarán los distintos cuerpos musculares que palpemos.

06. Masaje con los pulgares en vientre del músculo supraespinoso

Se encuentra en la zona alta de la escápula. Nos situaremos en el lado contrario del hemicuerpo que queremos amasar y dibujaremos el amasamiento con los pulgares de manera trasversal. Recorreremos el vientre muscular en toda su longitud con los movimientos circulares alternativos de ambos pulgares, desde la región cercana a la columna vertebral hasta el hombro.

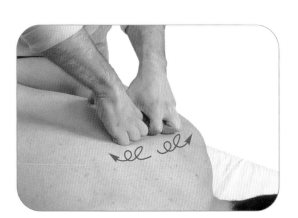

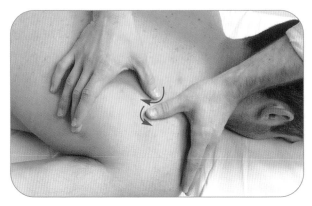

05. Amasamiento nudillar

El amasamiento nudillar no será muy profundo en la zona donde se localizan las costillas y podremos aplicar mayor presión por la zona de la musculatura de la escápula. Recorreremos la espalda longitudinalmente, tanto hacia arriba como hacia abajo, al igual que en el ejercicio anterior.

07. Masaje con los pulgares en vientre del músculo infraespinoso

El músculo infraespinoso se localiza en la zona baja de la escápula, debajo del supraespinoso. Nuestra colocación será la misma que en el ejercicio anterior, y nuestros dedos pulgares recorrerán el vientre muscular de manera transversal. La fuerza se aplicará un poco más abajo, en dirección desde el centro del cuerpo hacia el hombro.

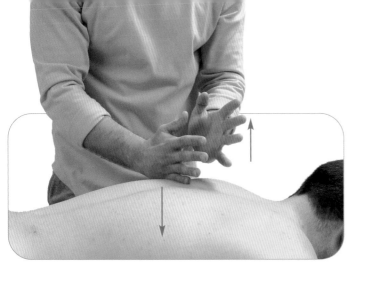

08. Percusión cachete cubital en paravertebrales

Los músculos paravertebrales se sitúan en forma de banda a ambos lados de la columna vertebral, por lo que debemos ser precavidos para no percutir encima de las apófisis espinosas de las vértebras. Golpearemos también por el resto de la superficie dorsal de forma rápida y alternativa, mediante el borde cubital de la mano y del dedo meñique. Situaremos nuestras manos perpendiculares a la columna, ascendiendo y descendiendo por toda la región dorsal de la espalda.

09. Amasamiento digitopalmar del dorsal ancho

Localizaremos el músculo dorsal ancho en su región alta y cercana a su inserción en el brazo. Nos situaremos en el lado contrario de la camilla y con las manos colocadas prácticamente en el costado, debajo de la axila y la escápula. En esta región apreciaremos una masa muscular que rodea a las costillas. Con el amasamiento digitopalmar tomaremos la masa muscular hacia nosotros con los dedos largos de una mano y con el dedo pulgar de la otra cizallaremos hacia el exterior. Alternaremos en esta secuencia ambas manos, mientras ascendemos y descendemos por el lateral del tórax dorsal.

REGIÓN DORSAL BAJA

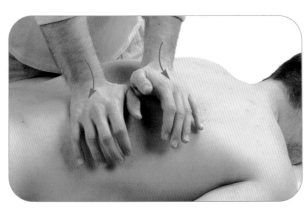

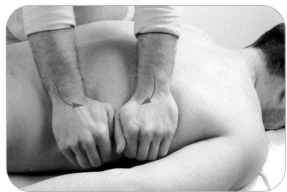

01. Amasamiento con el talón de la mano

Apoyaremos los talones de ambas manos encima de los paravertebrales del lado contrario de la camilla al que nos encontramos situados. Las manos ejercerán un movimiento transversal por el tórax, recorriéndolo desde la columna vertebral (sin pasar por encima) hacia fuera o lateral del cuerpo. La técnica produce un movimiento de aplastamiento, presión hacia abajo, combinado con un movimiento circular alternativo de los talones de la mano en su avance hacia el costado. Cuando lleguemos al final del recorrido, tensamos el tejido cutáneo de la región hasta su límite elástico. Los dedos apenas participan en la secuencia, quedando relajados y extendidos.

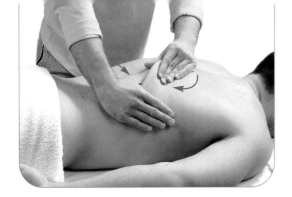

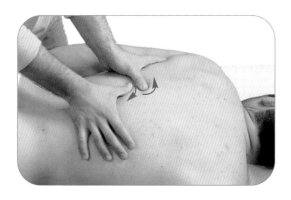

02. Amasamiento digitopalmar

Permaneceremos todavía en la misma posición para amasar toda la musculatura dorsal del hemicuerpo contrario. En esta ocasión no masajearemos únicamente el costado del tórax, sino toda su superficie, cizallando entre nuestros dedos largos y el pulgar. Los dedos largos recogerán la musculatura hacia nosotros en cualquier dirección, longitudinal o transversal, siguiéndoles siempre el dedo pulgar de la mano contraria en la dirección opuesta para comprimir y cizallar el tejido. De esta manera aleatoria reduciremos las contracturas y la tensión acumulada en las fibras musculares de toda la región.

03. Amasamiento con los pulgares a cada lado de los paravertebrales

Nos situaremos ahora en el mismo lateral de la espalda que estamos masajeando, pero a la altura de la cadera de la persona y girando el tronco en dirección a sus hombros. De esta manera pretendemos aplicar el movimiento circular alternativo con los pulgares desde abajo hacia arriba de la zona dorsal. Comenzaremos casi en el límite con la columna lumbar, llegando hasta las escápulas, primero en un lado de la columna vertebral y luego en el otro.

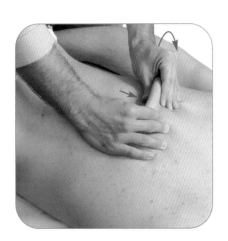

04. Pinzado rodado

Esta técnica se aplica desde la colocación que arrastramos del amasamiento anterior. Con la ayuda de una pinza hecha con nuestro dedo índice y pulgar de cada mano, crearemos un pellizco de tejido cutáneo perpendicular a la columna vertebral. Comenzaremos en la región baja de la espalda, casi lumbar, situando los dedos índices por delante de la «onda» y los dedos pulgares por detrás para empujar y hacer rodar el tejido. Ascenderemos desplazando la onda y «despegando» el tejido cutáneo de otros planos más profundos, liberando las adherencias muy eficazmente. Como recordaremos, esta técnica puede resultar muy dolorosa, por lo que debemos adaptarnos a la tolerancia de cada persona.

LUMBALGIA. EL DOLOR DE LA ZONA LUMBAR O REGIÓN BAJA DE LA ESPALDA

Una de las reglas básicas que debemos saber del masaje terapéutico de la zona lumbar es que ante el dolor intenso no debemos colocar a la persona tumbada boca abajo para su aplicación. La mejor posición es tumbarle de lado en la camilla, con las piernas semiflexionadas. Otra posición que podemos adaptar, si la persona la tolera, es tumbado boca abajo, pero colocando un rodillo hecho de toallas en la zona del abdomen, para que corrija la curvatura de la columna lumbar. A continuación se mostrarán diferentes secuencias tanto en decúbito lateral como boca abajo, pudiéndose combinar con cada técnica, según nos resulte más cómodo.

La siguiente regla importante es que la musculatura abdominal tendrá un papel importante en los dolores de espalda baja, debido a que son los músculos responsables de la colocación correcta de la pelvis y la curva lumbar. Salvo en la existencia de problemas más graves como las hernias discales u otros, que deberá valorar un especialista, debemos mantener fuerte la región abdominal con ejercicio regular.

LA MUSCULATURA PARAVERTEBRAL

Situaremos a la persona tumbada sobre un lateral y las pierna semiflexionadas. Nosotros nos colocaremos en el lado de la camilla donde se encuentre su espalda.

01. AMASAMIENTO DIGITAL
Una mano estabilizará el tronco mientras los dedos largos de la otra mano recorren la región lumbar desde el sacro en dirección hacia arriba. Aplicaremos movimientos circulares que amasen la musculatura paravertebral, pero también el resto de la superficie hasta los laterales.

02. AMASAMIENTO NUDILLAR
La secuencia de movimientos será similar al ejercicio anterior, pero con un aumento de la presión ejercida, que irá en función de la tolerancia de la persona. Colocaremos los dedos de las manos en flexión para imprimir los movimientos circulares con los nudillos, evitando en todo momento el contacto con la superficie ósea de las vértebras.

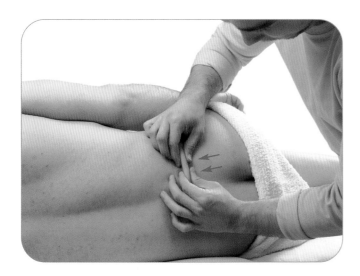

03. PINZADO RODADO
El pellizco del pinzado rodado también recorrerá la zona paravertebral y el resto de la superficie lumbar. Tomaremos el tejido de forma transversal, entre nuestros dedos índices por delante y los pulgares por detrás para empujar. Ascenderemos desde la zona alta del sacro hasta el comienzo de la columna vertebral dorsal. La aplicación de esta técnica estará sujeta a la tolerancia del dolor de la persona.

EL MÚSCULO CUADRADO LUMBAR

La persona se encuentra tumbada boca abajo con una toalla en la región del abdomen. Nosotros nos situaremos en el lado contrario de la camilla al hemicuerpo que vamos a masajear, a la altura de la región lumbar.

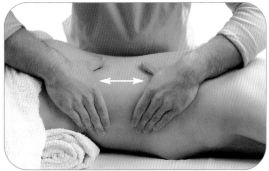

01. Roce con estiramiento del cuadrado lumbar
Presionaremos con ambas manos en el costado, con las palmas abiertas y adaptándose a la curvatura de la superficie. Desde el centro y con las manos juntas, las deslizaremos por la piel en sentidos opuestos, una hacia arriba y la otra hacia abajo. Además del roce sobre el tejido cutáneo, presionaremos con fuerza para estirar las fibras musculares. Repetiremos varias veces la secuencia siempre en las mismas direcciones.

02. Roce con torsión del cuadrado lumbar
Nuestra posición y la de las manos será exactamente igual que en la técnica anterior. La única diferencia es que en vez de aplicar un movimiento de tracción a las fibras del músculo, haremos una torsión. Una mano empujará el tronco hacia delante a la vez que se desliza por el tejido cutáneo y la otra, situada más abajo, lo hará hacia atrás, provocando un giro en direcciones opuestas que mantendremos durante algunos segundos. Invirtiendo la dirección de la fuerza de cada mano, rotamos el tronco hacia el otro lado.

03. Amasamiento digitopalmar
Resulta sencillo aplicar esta técnica, debido a la cantidad de tejido blando del que dispone. Abarcaremos una gran cantidad de masa muscular con los dedos largos de una mano y en dirección hacia nosotros. El pulgar de la otra mano cizallará y comprimirá este tejido, aplicando una fuerza en sentido contrario, hacia fuera. Este movimiento se repetirá cíclicamente y de forma alternativa con ambas manos, recorriendo hacia arriba y hacia abajo toda la pared lateral de la región lumbar.

EL MÚSCULO PSOAS ILÍACO

El psoas ilíaco es un músculo profundo y difícil de palpar y masajear. Su inserción en las vértebras lumbares lo convierte en un frecuente candidato a provocar dolor en esta zona. Si se contractura o aumenta su tensión, también aumentará la curvatura lumbar y por tanto el dolor. A continuación se muestra cómo estirar sus fibras para prevenir y reducir sus contracturas.

01. ESTIRAMIENTO DEL PSOAS

Situaremos a la persona tumbada boca arriba y con una pierna flexionada al pecho. La colocación de esta pierna sirve para corregir la curva lumbar, colocando la pelvis en retroversión y evitar de esta manera que la espalda se despegue de la superficie de apoyo durante el ejercicio. Mantendremos firmemente la posición de esta pierna, mientras estiramos la otra completamente y hacemos presión en el muslo para aumentar la extensión de la cadera. La persona permanecerá relajada en todo momento, sin colaborar con nosotros, de modo que pueda eliminar la tensión de las fibras

EL LIGAMENTO ILIOLUMBAR

El ligamento iliolumbar se extiende desde la última vértebra lumbar hasta la cresta ilíaca. Cuando existen dolencias a nivel lumbar, puede estar irritado, provocando una sensación dolorosa en esa zona.

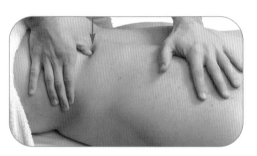

01. FRICCIÓN Y PRESIÓN PUNTUAL EN ESTRELLA

Podemos palpar este ligamento justo en el ángulo de unión entre la última vértebra lumbar y la pelvis. Apoyaremos nuestro dedo pulgar aplicando una presión progresiva para ir relajando los músculos más superficiales. Cuando ya hayamos conseguido cierta profundidad, comenzaremos a realizar una fricción con forma de estrella. Recordamos que no habrá deslizamiento entre nuestro dedo y la piel de la persona, sino que masajearemos el ligamento directamente.

EL MÚSCULO GLÚTEO MAYOR

Para masajear el músculo glúteo mayor, podemos colocar a la persona tumbada boca abajo con la toalla en el abdomen, para que nos resulte mas fácil su manejo. Este músculo dispone de una gran masa sobre la que podemos aplicar todo tipo de técnicas de las vistas anteriormente. Fricciones, rozamiento, percusiones, vibración o presión son bien toleradas incluso con fuerte intensidad. Las direcciones de desplazamiento más habituales serán desde abajo hacia arriba, desde arriba hacia abajo o circulares.

LA CIÁTICA

La ciática tiene un origen de afectación lumbar. En esta región de la espalda nacen de la médula espinal las fibras nerviosas que componen el nervio ciático. Estas fibras tienen que atravesar por unos orificios existentes entre las vértebras de la columna lumbar. Muchas pueden ser las causas de que estos orificios presionen e irriten las fibras que se prolongan por la región posterior del miembro inferior, irradiando el dolor hasta ese nivel. Entre ellas, el espasmo de los músculos descritos anteriormente, que puede dar lugar al pinzamiento de este nervio al aumentar la curvatura lumbar. Otras causas pueden ser las alteraciones reumáticas de las articulaciones vertebrales lumbares.

PSEUDOCIÁTICA SIMULADA POR EL MÚSCULO PIRAMIDAL

El músculo piramidal de la cadera provoca con su contracción la rotación externa de la pierna. Su contractura puede comprimir el nervio ciático, dando lugar a dolor en la región lumbar y posterior de la pierna. Lo que en principio puede parecer una ciática, puede solucionarse con el estiramiento y relajación de este músculo.

05 MASAJE TERAPÉUTICO PARA PIERNAS Y BRAZOS

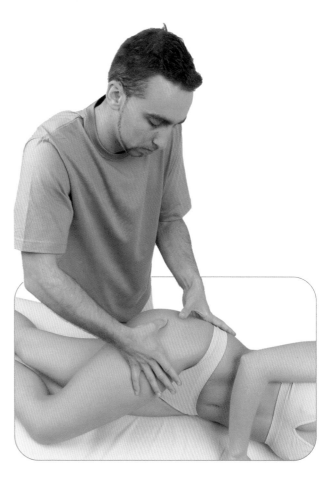

Los miembros superiores son los encargados de relacionarnos con todo lo que nos rodea, por lo que están expuestos a constantes sobrecargas y actividades que pueden deteriorar su equilibrio. De la misma manera los miembros inferiores soportan todo nuestro peso y los desplazamientos requeridos para cualquier actividad.

El desgaste, los pequeños accidentes fortuitos, las malas posturas, el mantenimiento de la misma posición durante mucho tiempo, los movimientos repetitivos y la falta de actividad física regular pueden provocar pequeñas dolencias en nuestros brazos y piernas.

El masaje terapéutico que se abordará en este capítulo tiene la finalidad de mejorar las contracturas y tensiones de la musculatura de los miembros debidas a su sobreactividad inadecuada. Para facilitar la comprensión, se han dividido los miembros superiores e inferiores en sus diferentes regiones o grupos musculares. De esa manera analizaremos la manera de prevenir y tratar las dolencias en cada zona específica.

EL CUADRÍCEPS

Como su nombre indica, este músculo está formado por cuatro fascículos responsables de la extensión de la articulación de la rodilla y la flexión de la cadera. El nombre de dichos fascículos es: vasto interno, vasto externo, recto anterior y crural.

El vasto interno se encuentra en la región más cercana a la línea media, el vasto externo en la región exterior y el recto anterior es el fascículo más largo y se localiza en el centro del muslo, siendo el responsable de la flexión de la cadera junto con el músculo psoas. El crural es el fascículo profundo, apenas alcanzable por nuestras manos.

Para aplicar el masaje, situaremos a la persona tumbada boca arriba sobre la superficie de apoyo con las piernas estiradas.

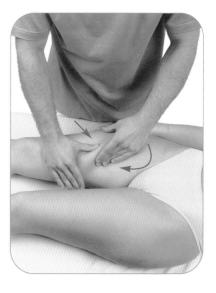

01. Amasamiento digital del recto anterior
Nos situaremos al mismo lado de la camilla que la pierna a la que vamos a aplicar el masaje. Comenzaremos a la altura de la rodilla para ascender por todo el muslo. Abarcaremos con el mismo movimiento circular de los dedos una amplia sección muscular, para abarcar los tres vastos más superficiales. Podremos utilizar ambas manos a la vez o alternativamente, pero presionando intensamente para masajear las fibras musculares profundamente.

02. Amasamiento nudillar simultáneo de los vastos laterales
Desde la misma posición que la técnica anterior, cada una de las manos se situará a un lateral del cuadríceps. Aplicaremos movimientos circulares con los nudillos de los dedos largos flexionados al mismo tiempo. De esta manera comprimiremos y amasaremos cada uno de los vastos y crearemos un estiramiento transversal en el centro. Con los nudillos podemos ejercer más fuerza que con las puntas de los dedos, por lo que presionaremos profundamente.

03. Amasamiento digital del vasto interno
Nuestra posición para esta técnica será como en las dos anteriores, pero el movimiento del masaje se aplicará transversalmente. Abarcaremos la masa muscular del vasto interno del cuadríceps entre nuestros dedos largos de una mano y el pulgar de la contraria. El movimiento alternativo y cíclico de las manos abarcará toda la longitud del músculo, desde la parte inferior hacia la cadera y viceversa.

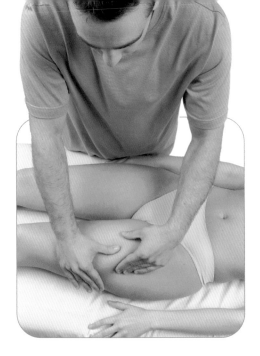

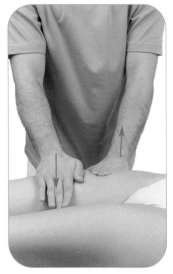
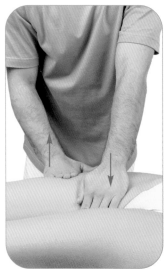

04. AMASAMIENTO DIGITOPALMAR DEL VASTO EXTERNO

Para amasar el vasto externo del cuádriceps debemos situarnos en el lateral opuesto de la pierna que estamos masajeando. La secuencia de compresión y cizallamiento entre los dedos largos de una mano y el pulgar de la otra se repetirá cíclicamente. Al igual que en la secuencia anterior debemos recorrer toda su longitud en ambos sentidos.

05. FRICCIÓN TRANSVERSAL OPUESTA CON LAS PALMAS

Desde cualquiera de los laterales de la camilla apoyaremos nuestras manos transversalmente al muslo, con las palmas abiertas. Cada una de las manos se dirigirá en una dirección, una hacia dentro y la otra hacia fuera hasta que el límite elástico del tejido cutáneo lo permita. Alternativamente cizallaremos el tejido con cambios sucesivos de la dirección de nuestras palmas de las manos.

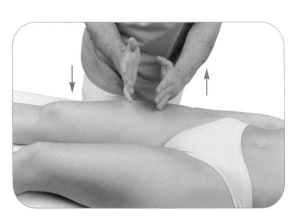

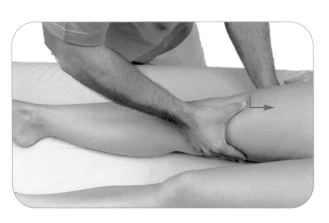

06. PERCUSIÓN GLOBAL CON CACHETE CUBITAL

El borde lateral de la mano correspondiente al dedo meñique golpeará seca y reiteradamente sobre todos los fascículos musculares. Aplicaremos ambas manos en dos tiempos y recorreremos uno a uno desde abajo hacia arriba y viceversa antes de pasar al siguiente. El apoyo sobre la piel será en perpendicular al eje longitudinal del muslo.

07. ROZAMIENTO PROFUNDO CON EL PULGAR

El dedo pulgar comenzará en la zona baja de cada vasto superficial. Con una presión intensa se deslizará hacia arriba, percibiendo cómo se relajan las fibras musculares. El desplazamiento será muy lento, de aproximadamente un centímetro por cada diez segundos. Cuando hayamos recorrido toda la longitud de un vasto, pasaremos al siguiente.

El masaje terapéutico para piernas y brazos

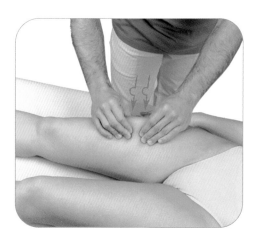

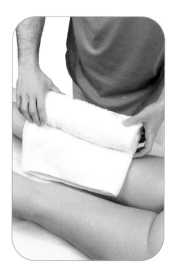

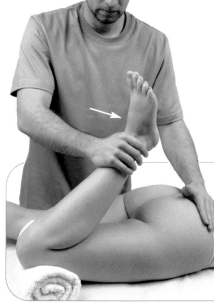

08. Pinzado rodado profundo transversal

La pinza formada por nuestros dedos índice y pulgar deslizarán el pellizco en dirección transversal. Sentiremos pequeñas crepitaciones bajo nuestros dedos cuando existan adherencias que se están liberando. La intensidad aumentará, ya que esta técnica puede resultar muy desagradable. Situándonos en el mismo lateral de la camilla que el de la pierna, desplazaremos la piel desde el lateral externo hacia el interno.

09. Estiramiento músculotendinoso

Utilizaremos un pequeño rodillo de toalla para colocarlo bajo la rodilla de la persona que se encuentra tumbada boca abajo. Gracias a este rodillo aumentaremos la extensión de la cadera unos cinco centímetros, consiguiendo más estiramiento en el recto anterior del cuádriceps. Flexionaremos la rodilla del sujeto hasta que aprecie una tensión fuerte, pero no dolorosa, manteniendo la posición durante un minuto. Si repetimos varias veces el ejercicio observaremos cómo mejora la capacidad elástica del músculo.

LOS ISQUIOTIBIALES

Los músculos isquiotibiales son un grupo muscular compuesto por tres músculos diferentes. El semitendinoso y el semimembranoso se localizan en la cara posterior del muslo en su región cercana a la parte interna. El bíceps femoral cubre la zona posterior del muslo en su región más externa. Todos son responsables de la flexión de la rodilla y la extensión de la cadera.

Tumbaremos a la persona boca abajo en la camilla para poder acceder con nuestras manos a todos sus fascículos.

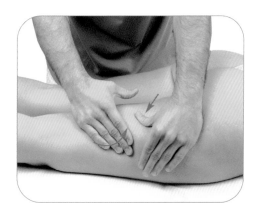

01. Amasamiento digitopalmar del bíceps femoral

Para abarcar con facilidad la región más externa de los isquiotibiales debemos situarnos en el lateral contrario de la camilla a la pierna que está recibiendo el masaje. Los dedos largos y el pulgar cizallarán y comprimirán alternativamente a lo largo de toda su longitud. Podemos desplazarnos desde arriba hacia abajo o viceversa, pero siempre con la colocación de las manos de forma transversal sobre el muslo.

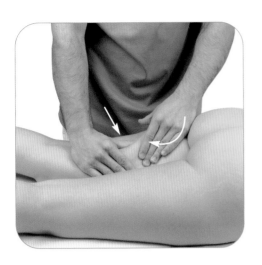
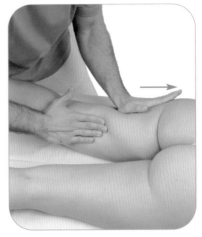
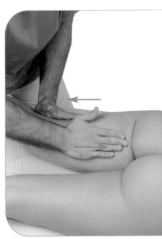

02. Amasamiento digitopalmar del semitendinoso y semimembranoso

Al contrario que el fascículo anterior, abarcaremos mejor esta musculatura colocados en el mismo lateral de la pierna a masajear. Nuestras manos se apoyarán sobre la región más interna de los isquiotibiales, amasando con fuerza sus fibras musculares como en la secuencia anterior.

03. Fricción longitudinal opuesta

Descenderemos nuestra posición hasta la altura de las rodillas, a un lado de la camilla. Apoyaremos nuestras manos una a cada lado de la parte posterior del muslo. Una estará situada sobre el vientre del músculo bíceps femoral y la otra sobre el semitendinoso. Al mismo tiempo, las manos friccionarán sin deslizarse por la piel en sentidos opuestos, una hacia arriba y la otra hacia abajo. El límite elástico de la piel marcará el retorno a la posición inicial y la inversión de la dirección de movimiento de cada mano.

04. Amasamiento digital profundo

Mantendremos la misma posición del ejercicio anterior. Este amasamiento pretende abarcar toda la región posterior del muslo con una mano situada delante de la otra. Los movimientos circulares de los dedos largos de ambas manos se aplicarán en dos tiempos distintos y en dirección desde abajo hacia el glúteo.

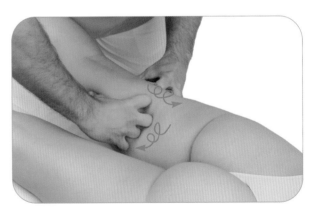

05. Amasamiento nudillar profundo simultáneo de ambos laterales

Con la misma colocación cambiaremos la posición de nuestras manos, una sobre cada lateral de la parte posterior del muslo. La superficie de contacto serán los nudillos de los dedos flexionados de ambas manos, sobre cada uno de los músculos isquiotibiales. Con movimientos circulares aplicados al mismo tiempo y en direcciones opuestas ascenderemos desde la rodilla (sin amasar el hueco poplíteo) hasta el glúteo. Además de la fuerte compresión del amasamiento, obtendremos un estiramiento y tracción transversal de la musculatura.

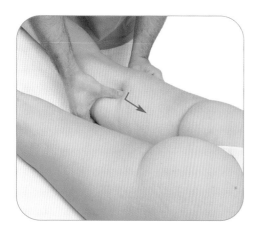

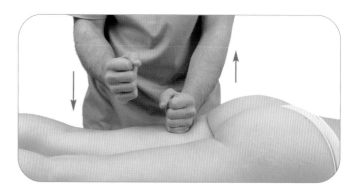

06. Rozamiento profundo con el pulgar

El dedo pulgar presionará sobre los tres vientres musculares lenta y profundamente. Comenzaremos con el bíceps femoral recorriéndolo en toda su longitud desde abajo hacia arriba. Sólo la relajación de las fibras musculares que presionamos intensamente nos permitirá el avance del dedo por su camino. Debido a esto, la velocidad de ejecución de la técnica será muy baja. Repetiremos entre una y tres veces el recorrido antes de pasar al resto de los músculos isquiotibiales.

07. Percusión con el puño

Los músculos isquiotibiales son muy potentes y por ello podemos percutirlos con la mano cerrada en forma de puño. Adaptaremos la intensidad a la tolerancia de cada persona, recorriendo desde abajo hacia arriba y desde arriba hacia abajo cada uno de los vientres musculares. Las manos se alternarán en este movimiento repetitivo y rápido.

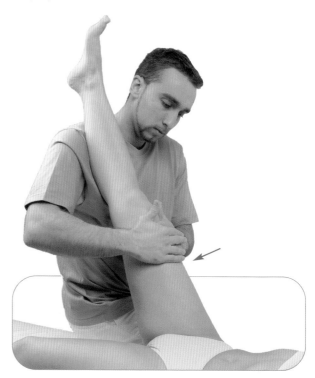

08. Estiramiento músculotendinoso

Para poder estirar esta musculatura correctamente pediremos a la persona que se tumbe boca arriba. Elevaremos todo el miembro inferior por encima de nuestro hombro y presionaremos suavemente con nuestras manos para estirar su rodilla, en función de su elasticidad. Mantendremos durante al menos un minuto la posición de tensión no dolorosa.

LOS ABDUCTORES

Los abductores son un conjunto de músculos diferentes cuya función es la de juntar la piernas. Se encuentran en la región interna del muslo y la posición más idónea para aplicar un masaje terapéutico sobre ellos es con la persona tumbada boca arriba. Le pediremos que junte las plantas de sus pies, flexione ligeramente sus rodillas y las separe por los laterales apoyándolas en la camilla cómodamente.

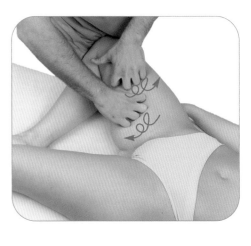

01. AMASAMIENTO DIGITAL PROFUNDO

Utilizaremos una mano para peinar toda la región interna del muslo con el movimiento circular de los dedos. Presionaremos firmemente con las yemas y los bordes de los dedos largos, en movimientos circulares. Desplazaremos nuestra mano en ambas direcciones a lo largo de las fibras musculares.

02. AMASAMIENTO NUDILLAR ALTERNATIVO

Utilizaremos ambas manos, una delante de la otra y en dos tiempos. Comenzaremos desde la cara interna de la rodilla, ascenderemos hasta la ingle, insistiendo en este último tramo de fibras musculares. Estos músculos son muy potentes, por lo que podemos utilizar bastante presión en los movimientos circulares con los nudillos.

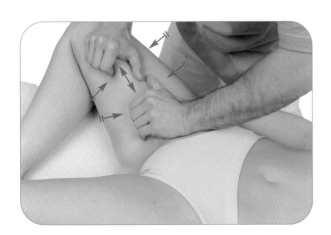

03. PELLIZCO CON TRACCIÓN Y ESTIRAMIENTO EN ABDUCTORES

Las manos formarán una pinza entre los dedos largos y el talón de la mano en la central de los abductores. Desplazaremos en sentidos opuestos las manos, deslizándonos por el tejido cutáneo fuertemente presionado. Conseguiremos así un movimiento de tracción y estiramiento de la musculatura, hasta situar una mano en la zona de la ingle y la otra en la rodilla.

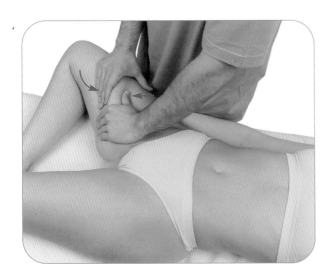

04. AMASAMIENTO DIGITOPALMAR

Las manos se colocarán a continuación para masajear la musculatura de forma transversal, pero en un desplazamiento constante hacia arriba y hacia abajo. Los dedos largos serán los encargados de abarcar y tensar el vientre muscular, mientras que el dedo pulgar de la mano contraria comprime y cizalla, hasta posicionar las manos en la posición invertida, de forma cíclica.

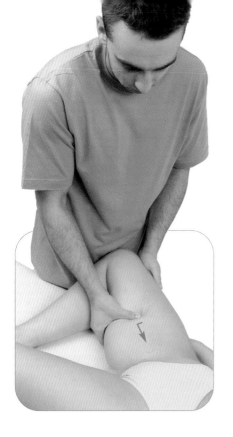

05. Roce profundo con el pulgar

Podemos aplicar este tipo de roce en ambas direcciones, pero siempre recorriendo a lo largo las fibras de los músculos abductores. Presionaremos en el punto de partida y comenzaremos con una suave fuerza de avance. El movimiento del dedo será lento, en función de la relajación de las fibras que tiene delante.

06. Percusión con palmada cóncava

Las manos producirán un sonido sordo contra la superficie cutánea de la región interna del muslo. Con ambas manos en posición ahuecada, percutiremos alternativamente, recorriendo los abductores en todas las direcciones.

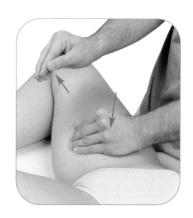

LOS ABDUCTORES

Los músculos abductores o separadores de las piernas son el glúteo mayor, localizado en el lateral de la pelvis y la cadera y el tensor de la fascia lata, que se prolonga por el borde externo del muslo.

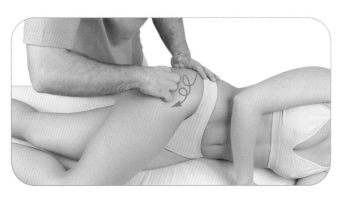

01. Amasamiento nudillar del glúteo medio

Aplicaremos nuestras manos con un movimiento circular de los nudillos sobre la zona lateral de la pelvis. Prácticamente no habrá desplazamiento, sino que permaneceremos estáticos sobre el vientre de este músculo.

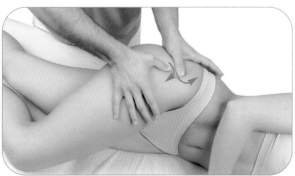

02. Amasamiento con los pulgares del glúteo medio

Con el amasamiento circular y alternativo de los pulgares, nos centraremos en la inserción de este músculo en el fémur.

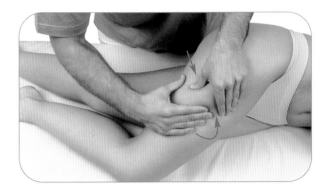

03. Amasamiento digitopalmar del tensor de la fascia lata

El tensor de la fascia lata se prolonga en un tejido fibroso que recorre toda la parte lateral del muslo. Este amasamiento será muy eficaz para la reducción de las sobrecargas tan habituales en esta región. Abarcaremos los tejidos entre los dedos largos y el pulgar de la otra mano en direcciones opuestas y cíclicas.

04. Roce profundo con el pulgar del tensor de la fascia lata

El dedo pulgar ascenderá lentamente desde el borde lateral de la rodilla hasta la cadera. La presión hacia la profundidad será intensa, de modo que se estiren las posible contracturas. El avance será muy lento y en función de cómo se relajen las fibras bajo nuestros dedos.

05. Percusión con cachete cubital del tensor de la fascia lata

Con este golpeteo recorreremos ascendiendo y descendiendo por el lateral del muslo. Seremos precavidos para no alcanzar la zona alta, donde además del glúteo medio, se encuentra la articulación de la cadera y la cabeza del fémur. No debemos percutir sobre este tipo de relieves óseos.

06. Estiramiento músculotendinoso

Con la persona tumbada boca arriba, flexionaremos una de sus piernas y apoyaremos el pie, llevando al mismo tiempo la rodilla hacia el lado contrario de la camilla. Provocaremos de esta forma una aducción de la cadera que estire esta musculatura abductora.

LA REGIÓN GLÚTEA

En la región glútea encontramos el músculo glúteo mayor de forma más superficial. Sin embargo, bajo sus fibras musculares encontramos el músculo glúteo menor y los rotadores de la cadera. Para aplicar el masaje de la manera más cómoda, situaremos a la persona que va a recibirlo tumbada boca abajo con las piernas estiradas.

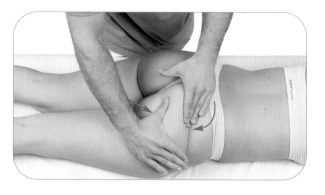

01. AMASAMIENTO NUDILLAR EN GLÚTEO

Los nudillos realizarán los movimientos circulares con poco desplazamiento, ya que insistiremos en la región central del músculo.

02. AMASAMIENTO DIGITOPALMAR

Esta masa muscular redondeada, debemos amasarla en todas las direcciones, por lo que modificaremos constantemente la posición de nuestras manos. Los dedos largos tendrán una importante función de presión, ya que deben abarcar la mayor cantidad de masa muscular en cada pasaje.

03. PERCUSIÓN CON EL PUÑO

Utilizaremos las manos cerradas en puño para golpear de forma alternativa y rápida la masa muscular. La vibración y presión que provocamos pretenden reducir la tensión en las fibras musculares. Percutiremos aleatoriamente por toda la superficie, siendo precavidos de no golpear sobre la columna vertebral y cadera.

04. PRESIÓN EN PIRAMIDAL

Aplicaremos una presión mantenida con el puño en la zona central y baja del glúteo mayor, para alcanzar la región posterior de la articulación de la cadera. En esta zona se localizan los músculos rotadores de la cadera, entre los que encontramos el piramidal, que se contractura con frecuencia.

EL TRÍCEPS SURAL

El tríceps sural es un grupo muscular que se localiza en la zona posterior de la pierna o pantorrilla. Está compuesto por dos músculos: los gemelos (con dos vientres musculares) y el soleo, situado en profundidad. Su función es la de flexionar el tobillo, desplazando la punta del pie hacia abajo. La mejor manera de acceder a sus fibras musculares es con la persona tumbada boca abajo, aunque también se puede aplicar el masaje tumbado boca arriba y con la pierna flexionada.

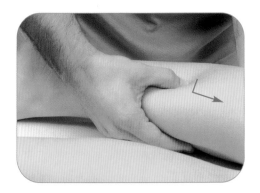

01. Roce profundo con el pulgar

Este roce ascendente comenzará en el tendón de Aquiles describiendo una línea vertical por el centro de la pierna. Separaremos así ambos músculos gemelos y presionaremos en profundidad sobre el soleo. Las siguientes líneas verticales que debemos recorrer pasarán por encima de cada vientre muscular del gemelo interno y externo de la misma pierna. Podemos repetir hasta tres veces cada recorrido pero siempre de forma muy lenta.

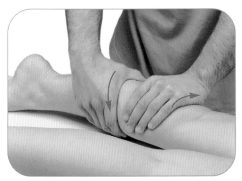

02. Roce de torsión con contragiro

La situación de partida será con las manos colocadas de forma transversal a la pierna. Abarcaremos toda la circunferencia con una toma en forma de pulsera. Cada mano rotará en una dirección opuesta a la otra, primero cizallando y luego rozando alrededor de toda la pierna. Cuando llegamos al final del movimiento invertiremos el sentido de giro de cada mano. Repetiremos esta secuencia a diferentes alturas de la pierna para masajear toda su superficie.

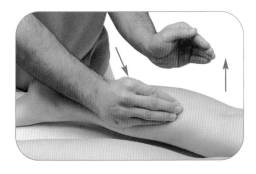

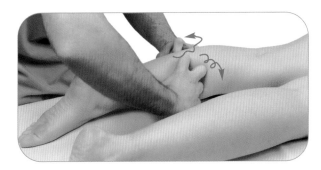

03. Percusión de palmada cóncava lateral alternativa

Al igual que en otras regiones el sonido de percusión debe ser hueco y sordo. Para poder golpear con mayor facilidad los vientres musculares podemos situar una mano en cada uno de forma longitudinal a la pierna.

04. Amasamiento nudillar simultáneo en cada lado

Situando una mano en el gemelo interno y otra en el derecho, aplicaremos movimientos circulares opuestos con los nudillos. Además del amasamiento profundo, ejerceremos una tracción transversal entre ambos vientres musculares.

05. Presión mantenida en cada lateral con los dedos largos

Una mano se situará en el borde externo y otra en el borde interno de la musculatura posterior de la pierna. Con los dedos largos estirados y las puntas presionando en dirección para juntarse, mantendremos al menos un minuto.

EL TIBIAL ANTERIOR Y LOS MÚSCULOS PERONEOS

El tibial anterior es el único músculo de la cara delantera de la pierna o pantorrilla. Cubre únicamente la zona del hueso de la tibia que se sitúa más hacia el borde lateral, ya que tiene forma de cordón muscular estrecho. Su contracción provoca la extensión del tobillo, desplazando la punta del pie en dirección hacia arriba.

Por otra parte, y debido a su cercanía anatómica, podemos hablar de los músculos peroneos. Este grupo muscular compuesto por dos vientres musculares se localiza en la región del lateral externo de la pierna. Su función es la de flexionar lateralmente la articulación del tobillo, llevando la punta del pie hacia fuera.

En el masaje incluimos juntos estos músculos debido a su proximidad y a su tamaño. Al tratarse de pequeños fascículos musculares podemos aplicar las técnicas con unos y otros consecutivamente. Colocaremos para ello a la persona que va a recibir el masaje tumbada boca arriba, con la pierna ligeramente rotada si es necesario.

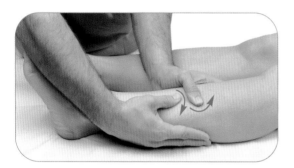

01. AMASAMIENTO CON LOS PULGARES HACIA ARRIBA
Desde la región anterior y externa del tobillo, ascenderemos, palpando los cordones musculares bajo nuestros dedos. Con movimientos circulares alternativos de los pulgares trazaremos diversas líneas verticales paralelas para abarcar todos y cada uno de los músculos de la región.

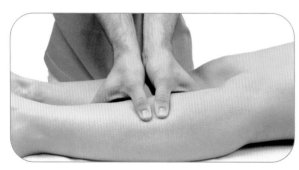
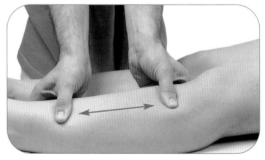

02. ROCE DE TRACCIÓN CON LOS PULGARES
Los pulgares comenzarán juntos en el centro de la musculatura presionando ligeramente. A continuación provocaremos un movimiento deslizante en direcciones opuestas, con un dedo hacia arriba y el otro hacia abajo. Provocaremos una tracción y estiramiento de las fibras musculares, reduciendo su contractura.

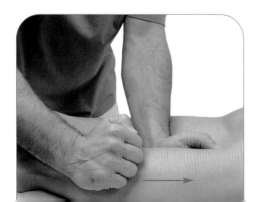

03. ROCE PROFUNDO CON EL TALÓN DE LA MANO HACIA ARRIBA
El talón de la mano nos permite aplicar una presión intensa abarcando una superficie mayor. Seguiremos una dirección vertical y desde el tobillo hacia la rodilla por la región anteroexterna de la pierna.

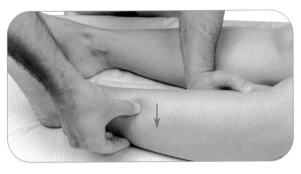
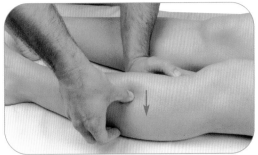

04. Presiones puntuales a lo largo del cuerpo

Con el dedo pulgar presionaremos durante varios segundos en las zonas más tensas que palpemos en el cordón muscular.

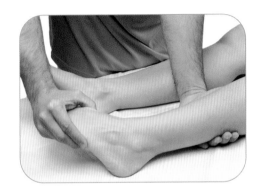

05. Estiramiento músculotendinoso

Flexión hacia debajo de la punta del pie y lateralización del pie hacia dentro.

LA MUSCULATURA INTRÍNSECA DEL PIE

La musculatura intrínseca del pie está compuesta por pequeños fascículos musculares que relacionan los huesos para estabilizar toda la estructura.

01. Fricciones circulares entre los metatarsos

Lo más importante de esta técnica es recordar que no deslizaremos nuestro dedo por la piel del sujeto, sino que deslizaremos la piel por encima de los tejidos profundos. Recorreremos cada uno de los espacios que existen entre los huesos del pie y dedos, masajeando toda la musculatura de pequeño tamaño. Nos detendremos sobre las zonas más sobrecargadas, como el dorso de los metatarsos.

02. Masaje con los pulgares en la planta del pie

Realizaremos movimientos alternativos circulares a gran intensidad en la planta del pie. Podemos deslizarnos transversal y longitudinalmente desde el talón a los dedos y viceversa. Para que el efecto terapéutico sobre los músculos y fascias tensos sea efectivo, debemos aplicar una fuerte presión, siempre dentro de la tolerancia de cada persona.

INSERCIONES MÚSCULOTENDINOSAS QUE ESTABILIZAN LA ARTICULACIÓN DEL HOMBRO

Los músculos rotadores del hombro son un grupo importante, debido a que además de su función de movimiento sobre el hombro, también estabilizan la cabeza del húmero sobre la escápula. Sus fibras musculares se pueden palpar alrededor del hueso de la escápula, como se describe en el capítulo del masaje para la región dorsal alta de la espalda. Por otro lado, sus fibras de inserción tendinosa se encuentran en la cabeza del húmero, lugar que nos interesa en el masaje terapéutico del miembro superior.

Tumbaremos a la persona boca arriba, con el brazo rotado ligeramente hacia dentro, para acceder mejor a la inserción con nuestros dedos.

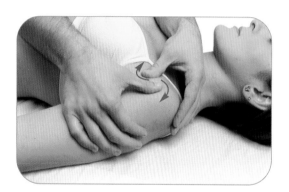

01. MASAJE CON LOS PULGARES, REGIÓN DELANTERA DEL HOMBRO

La presión en esta zona debe ser moderada, ya que puede ser dolorosa. Los movimientos circulares alternativos con los pulgares apenas provocarán desplazamiento, para insistir en el masaje de la zona puntual de inserción.

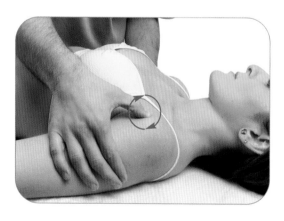

02. FRICCIÓN CIRCULAR EN TENDONES DE INSERCIÓN

Una vez que hayamos palpado la región con el masaje anterior y localicemos la dolencia, presionaremos con el dedo pulgar. Al mismo tiempo realizaremos una fricción circular en la que desplazaremos el tejido cutáneo y nuestro dedo sobre los tejidos tendinosos profundos. Con este masaje intensificaremos el riego sanguíneo en la zona de inserción tendinosa de la cabeza del húmero.

EL PECTORAL MAYOR

El pectoral mayor da forma al relieve muscular del pecho. Su función consiste en juntar los brazos por delante del cuerpo. Para masajear sus fibras musculares, la persona deberá encontrarse tumbada boca arriba, con los brazos relajados a lo largo del cuerpo.

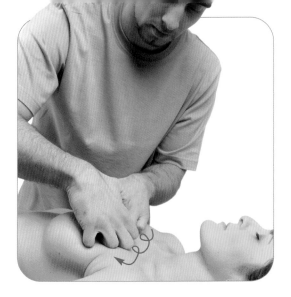

01. Amasamiento nudillar

Con los nudillos podremos ejercer más presión que con otras partes de los dedos. Seremos precavidos en la fuerza que apliquemos, debido a que esta zona puede encontrarse sobrecargada y tensa. Para amasar y estirar las fibras musculares comenzaremos en el centro del pecho y nos deslizaremos hasta el lateral, en su inserción del brazo. Los movimientos circulares de los nudillos deberán trabajar sobre toda la superficie del músculo.

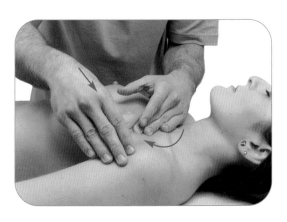

02. Amasamiento digitopalmar

Dependiendo de la masa muscular de cada persona podremos utilizar toda la palma de la mano o únicamente los dedos para abarcarla. En ambos casos el movimiento será el mismo, enfrentando el músculo abarcado por los dedos largos frente al dedo pulgar de la mano opuesta. La manera más fácil de amasar este músculo será deslizando de forma cíclica nuestras manos desde arriba hacia abajo y al contrario.

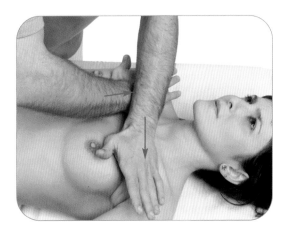

03. Roce profundo de ambos pectorales con manos cruzadas

Esta técnica comienza con los talones de ambas manos presionando sobre el centro del pecho, pero de forma cruzada. Cada mano se deslizará por el músculo pectoral mayor del hemicuerpo contrario de la persona, desde el centro hasta los laterales. La presión será intensa y la velocidad de ejecución muy baja, avanzando según se relaje la musculatura debajo de nuestras manos. Mantendremos algunos segundos el estiramiento máximo al final del recorrido.

04. Estiramiento músculotendinoso

Tomaremos el brazo de la persona entre nuestras manos y lo llevaremos a la posición de cruz. A partir de aquí lo moveremos hacia atrás, para ir aumentando la tensión en el pecho. Mantendremos un minuto en el límite que nos diga la persona, apreciando sensación de tirantez, pero nunca dolor.

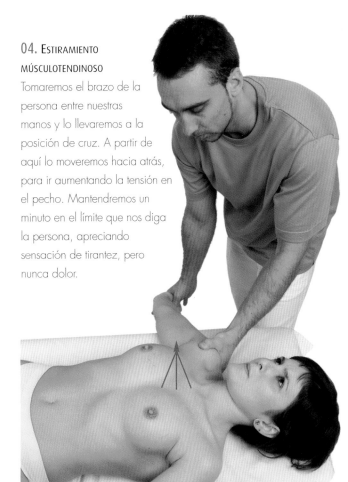

EL DELTOIDES

El deltoides es el músculo que da forma redondeada al relieve del hombro. Cubre la parte superior de la cabeza del húmero, en su unión con la escápula. Su función es la de separar los brazos del cuerpo hasta adoptar la posición en forma de cruz.

Accederemos a sus fibras musculares con la persona tumbada de lado sobre el costado contrario al brazo que estamos masajeando. También es posible tratar el deltoides tumbados boca arriba o boca abajo, aunque nos resultará más dificultoso acceder a las fibras posteriores o delanteras respectivamente.

01. AMASAMIENTO DIGITOPALMAR PROFUNDO

Abarcaremos con este masaje toda la región superior del hombro. No es frecuente encontrar mucha masa muscular en esta región, por lo que el amasamiento se realizará casi sin incluir la palma de las manos. Los dedos serán los encargados de abarcar, comprimir y cizallar el tejido cutáneo y muscular, con la secuencia que hemos visto anteriormente.

02. AMASAMIENTO DIGITAL

Comenzando desde la inserción del brazo y ascendiendo en dirección al hombro, aplicaremos los movimientos circulares con una sola mano.

03. CON LOS PULGARES EN LA INSERCIÓN

Ambos dedos pulgares se deslizan sobre un mismo punto, de forma circular y en dos tiempos. La inserción se localiza en la región lateral del brazo, muy cercana al hombro.

04. FRICCIÓN CIRCULAR EN LA INSERCIÓN

Para continuar con la mejora del riego sanguíneo sobre la zona tendinosa del deltoides, aplicaremos una fricción circular sobre el mismo punto de la técnica anterior. En esta ocasión sólo actuará un dedo pulgar y no se deslizará por encima de la piel de la persona.

El bíceps recibe este nombre porque está formado por dos vientres musculares situados en la cara delantera del brazo. Su función es la de flexionar el codo y supinar el antebrazo, es decir, rotarlo desde la posición de la mano con la palma hacia abajo hasta la posición de palma hacia arriba. La persona se encontrará tumbada boca arriba sobre la camilla, con el brazo relajado a lo largo del cuerpo.

01. AMASAMIENTO NUDILLAR SIMULTÁNEO

Se situará una mano a cada lado del bíceps para abarcar ambos vientres musculares. Con movimientos circulares de los nudillos de los dedos largos flexionados, amasaremos, comprimiremos y estiraremos las fibras. Estos movimientos se aplicarán al mismo tiempo y en direcciones opuestas hacia fuera.

02. ROCE DE TORSIÓN CON CONTRAGIRO

A continuación ambas manos tomarán transversalmente y en forma de pulsera la parte central del brazo. Rotando las manos en direcciones opuestas, y cambiando cíclicamente el sentido conseguiremos el deslizamiento de nuestras manos por toda la circunferencia del brazo. Las manos pueden separarse o desplazarse juntas para recorrer toda la superficie a lo largo del músculo.

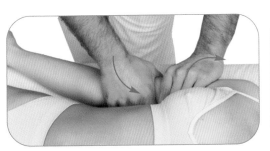 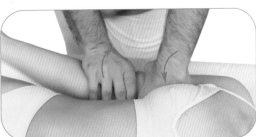

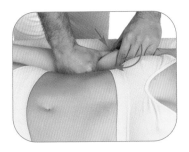  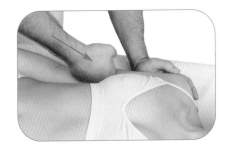

03. AMASAMIENTO DIGITOPALMAR

Con toda la mano abarcaremos ambos vientres musculares, rozando con toda la palma y los dedos largos que los recogen en una dirección mientras el dedo pulgar de la mano contraria los cizalla en la dirección contraria.

04. PERCUSIÓN CON CACHETE CUBITAL

La percusión en esta zona se usará con precaución para no golpear con mucha intensidad sobre el húmero que se sitúa debajo. Los dedos permanecerán relajados, alternándose sobre el borde cubital o del meñique.

05. ROZAMIENTO CON EL PUÑO

La mano cerrada en puño será útil para alisar la masa muscular mientras nos deslizamos desde la inserción en el codo hasta el hombro. Al masajear por encima del centro muscular percibiremos cómo los dos vientres musculares se separan.

EL TRÍCEPS

Este músculo debe su nombre a las tres cabezas o vientres musculares que lo componen, situadas en la cara posterior del brazo. Su contracción provoca la extensión del codo y la extensión del hombro.

Colocamos a la persona boca abajo con la palma apoyada en la camilla y el brazo relajado.

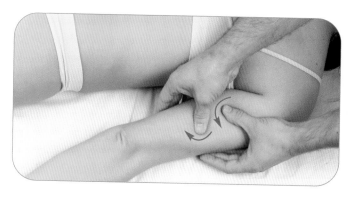

01. Amasamiento profundo con los pulgares de cada cabeza

Describiremos tres líneas longitudinales y paralelas para recorrer toda la longitud de los tres fascículos del tríceps. Comenzaremos desde el hombro hacia el codo, para estirar mejor las fibras musculares mediante los movimientos circulares y alternativos de los dedos pulgares.

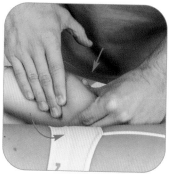

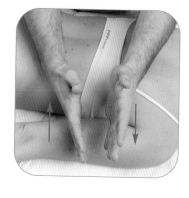

02. Amasamiento digitopalmar profundo y global de las tres cabezas

Con las manos situadas de forma transversal podremos abarcar las tres cabezas del tríceps al mismo tiempo. Con la palma de la mano y los dedos largos abarcaremos y rotaremos hacia nosotros la musculatura, mientras que con el dedo pulgar comprimiremos y cizallaremos en el sentido opuesto. Con este movimiento alternativo y cíclico recorreremos toda la longitud de la cara posterior del brazo.

03. Amasamiento nudillar

Descenderemos por el tríceps desde su zona alta, abarcando todo el músculo con un solo movimiento en abanico. Ejerceremos presión intensa para reducir las contracturas acumuladas en sus fibras, con los dedos de una sola mano o ambas situadas una delante de la otra.

04. Percusión cachete cubital

Al igual que en la región anterior del brazo, las percusiones tendrán una intensidad moderada. El objetivo será transmitir un movimiento de vibración a la musculatura sin producir molestias en el húmero.

05. Presión con dos manos

Con las palmas de las manos abiertas aplicaremos una presión estática sobre la cara posterior del brazo. Abarcaremos toda la superficie posible y mantendremos la fuerza provocada con el peso de nuestro cuerpo.

En esta región encontramos los músculos flexores de la muñeca y los dedos, y los músculos pronadores del antebrazo. Los músculos pronadores rotan el antebrazo desde la posición de palma hacia arriba hasta la posición de palma hacia abajo. La posición para masajear el antebrazo puede ser sentado o tumbado boca arriba, con la palma en dirección hacia arriba.

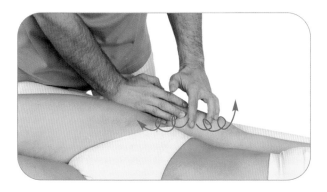

01. AMASAMIENTO DIGITAL

Para poder amasar esta potente musculatura, aplicaremos una presión intensa desde la punta de nuestros dedos. Recorreremos longitudinalmente el antebrazo con los movimientos circulares de los dedos largos de ambas manos, insistiendo en la zona alta de inserción.

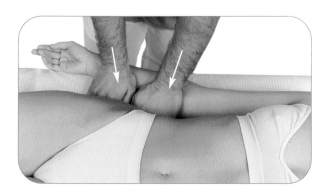

02. PRESIÓN TRANSVERSAL

Nuestros talones de las manos se apoyarán juntos y recorriendo toda la longitud del antebrazo. Los dedos quedarán transversalmente colocados respecto al brazo. En cada punto en que nos detengamos aplicaremos una presión contra la superficie de apoyo de algunos segundos.

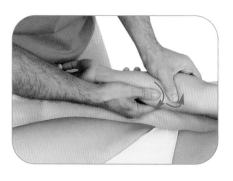

03. AMASAMIENTO CON LOS PULGARES

De nuevo nuestros dedos pulgares recorrerán los cordones musculares y tendinosos de la región. En direcciones desde arriba hacia abajo y viceversa, nos deslizaremos con movimientos circulares alternativos. La presión debe ser intensa para amasar de forma efectiva estos potentes músculos, sobre todo en su zona de inserción del codo.

04. ROCE DE TORSIÓN CON CONTRAGIRO

Abrazaremos el antebrazo con las manos, como si de dos pulseras se tratase. Comenzando en el centro, rotaremos las manos en direcciones opuestas y a continuación invertiremos su sentido de giro. Repetiremos varias veces esta secuencia, pudiendo aplicarse como masaje de roce o fricción y deslizándonos a lo largo de todo el antebrazo con las manos juntas o separadas.

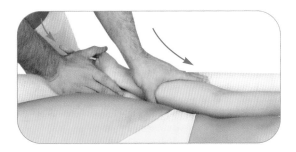

05. ROCE DE VACIADO HACIA ARRIBA

La mano se apoyará con la palma abierta sobre la muñeca. El movimiento lo dirigirá el borde de la mano formado entre el dedo pulgar e índice separados. Aplicando una suave presión y una fuerza de avance, los deslizaremos en dirección al codo como si quisiésemos desplazar el contenido sanguíneo hacia el corazón.

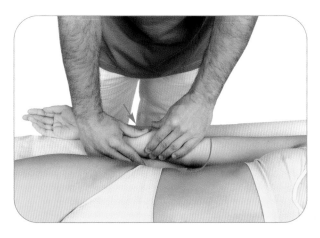

06. AMASAMIENTO DIGITOPALMAR

Abarcando toda la cara anterior del antebrazo y con gran fuerza de compresión, sobre todo en la región alta, para poder amasar la potente musculatura flexora.

LA CARA POSTERIOR-EXTERNA DEL ANTEBRAZO

Por el contrario, en la región posterior del antebrazo se sitúan los músculos extensores de la muñeca y los dedos, y los músculos supinadores del antebrazo, excepto el bíceps (su función es rotar el antebrazo desde la posición de palma hacia abajo, hasta la posición de palma hacia arriba). La posición del antebrazo durante el masaje será con la palma hacia abajo y la persona tumbada boca abajo en la camilla.

01. AMASAMIENTO NUDILLAR

Longitudinalmente y en ambas direcciones, recorreremos la parte posteroexterna del antebrazo. Aplicaremos movimientos circulares con los nudillos de los dedos flexionados hasta apreciar que la musculatura que hay debajo de nuestros dedos se encuentra menos tensa.

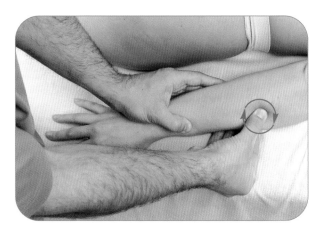

02. FRICCIONES CIRCULARES PUNTUALES

Cuando hayamos recorrido toda la superficie con el amasamiento anterior, percibiremos los puntos de mayor tensión. Sobre estos puntos ejerceremos una presión y un movimiento circular sin deslizamiento por encima de la piel.

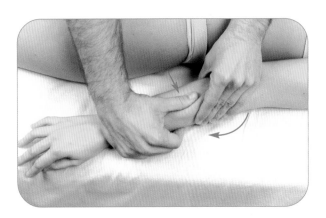

03. Roce de torsiones con contragiro

Se aplicará de la misma forma que en la región anterior del antebrazo, pero esta vez las palmas de las manos comenzarán su giro en direcciones contrarias sobre los músculos extensores y supinadores.

04. Amasamiento digitopalmar

La palma de la mano y los dedos largos comprimirán ahora la musculatura extensora y supinadora, frente al dedo pulgar de la mano contraria. Bastará un solo pasaje para abarcar toda la cara posterior del antebrazo con una mano, desplazándonos posteriormente por toda su longitud.

LA MUSCULATURA INTRÍNSECA DE LA MANO

01. Amasamiento con los pulgares por la palma, el dorso y los dedos

Los giros circulares y alternativos de los dedos pulgares serán los encargados de reducir la tensión de los pequeños músculos de la mano. Recorreremos toda la superficie de la palma, dorso y dedos de la mano, insistiendo en las zonas de más sobrecarga, es decir, los músculos lumbricales e interóseos de los metacarpos.

02. Amasamiento con el puño circular

Se aplicará sobre la palma de la mano relajada. Con el giro de nuestra muñeca amasaremos la superficie de la mano, de forma circular y que la superficie de la palma de la persona entre en contacto con nuestro puño.

06 EL AUTOMASAJE TERAPÉUTICO EN LAS ALTERACIONES REUMÁTICAS Y EN LOS DOLORES ARTICULARES

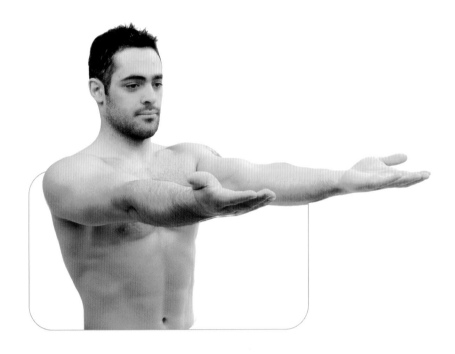

LAS ENFERMEDADES REUMÁTICAS SON UN AMPLIO CONJUNTO DE ALTERACIONES QUE AFECTAN AL APARATO LOCOMOTOR, RESPONSABLE DEL MOVIMIENTO HUMANO. EN LA ACTUALIDAD CONOCEMOS UNA GRAN CANTIDAD DE ENFERMEDADES REUMÁTICAS ENTRE LAS QUE ENCONTRAMOS CON MÁS FRECUENCIA LA ARTROSIS Y LA ARTRITIS REUMATOIDE. EL AUMENTO DE LA EDAD DE LA POBLACIÓN HACE QUE ESTE TIPO DE PROCESOS SEAN CADA VEZ MÁS COMUNES. LOS PROCESOS PATOLÓGICOS DE CADA ENFERMEDAD SON DIFERENTES, SIN EMBARGO LAS CONSECUENCIAS SOBRE LA FUNCIONALIDAD DEL ORGANISMO SON PARECIDAS:

· DOLOR ARTICULAR.
· INFLAMACIÓN.
· APARICIÓN DE DEFORMIDADES Y DESVIACIONES ARTICULARES.
· PÉRDIDA DE LA MOVILIDAD DE LAS ARTICULACIONES.
· DEGENERACIÓN ARTICULAR.

EXISTEN DOS GRANDES GRUPOS DE PROCESOS REUMÁTICOS, LOS GENERADOS POR PROCESOS PROPIOS DEL ORGANISMO Y LOS QUE APARECEN COMO CONSECUENCIA DE LESIONES TRAUMÁTICAS O ALTERACIONES MECÁNICAS DE LAS ARTICULACIONES. EL MASAJE Y EL EJERCICIO MODERADO PRETENDEN PALIAR LAS CONSECUENCIAS DE ESTOS PROCESOS CRÓNICOS APROVECHANDO SUS EFECTOS TERAPÉUTICOS.

LA ANATOMÍA ARTICULAR

Las articulaciones son la unión de dos huesos y representan los ejes del movimiento humano. Existen diferentes tipos de articulaciones, pero a continuación mostramos las partes de las que se componen las más complejas.

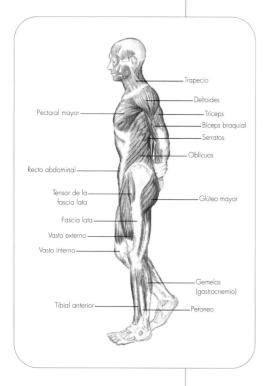

Trapecio
Deltoides
Tríceps
Bíceps braquial
Serratos
Oblicuos
Pectoral mayor
Recto abdominal
Tensor de la fascia lata
Glúteo mayor
Fascia lata
Vasto externo
Vasto interno
Gemelos (gastrocnemio)
Tibial anterior
Peroneo

· **Superficie articular:** Zona de ambos huesos que contactan entre sí.

· **Membrana sinovial:** Tapiz que recubre las paredes internas de la articulación y segrega líquido sinovial que baña el interior de la articulación, lubrificando para facilitar y hacer más suave el movimiento articular. El líquido sinovial también nutre el cartílago articular.

· **Cartílago:** Es una lámina elástica y flexible que recubre y protege las superficies articulares, para evitar el contacto directo de los huesos durante el movimiento y por tanto su desgaste.

· **Cápsula:** Es un tejido que une ambos huesos entre sí y delimita la cavidad articular, cerrando por fuera la articulación.

· **Ligamentos:** Los ligamentos son potentes bandas de tejido fibroso que actúan como refuerzos para fijar y mantener estable la articulación.

· **Discos y meniscos:** Tejidos a modo de almohadillas que ajustan a la forma articular para mejorar el movimiento.

El dolor puede ser originado por la lesión y degeneración de cualquiera de estos elementos, pero uno de los dolores más intensos procede del periostio. El periostio es una lámina muy sensible que recubre el hueso y la erosión puede llegar hasta él, en las fases más evolucionadas de la enfermedad.

Como podemos observar, todas las partes de la articulación son profundas y es prácticamente imposible acceder a ellas con nuestras manos. Por tanto, los beneficios que buscamos con el masaje terapéutico no son consecuencia de los efectos mecánicos directos de la aplicación de nuestras manos, sino los conseguidos de manera indirecta.

¿QUÉ EFECTOS TIENE EL MASAJE EN LOS PROBLEMAS REUMÁTICOS?

· Disminuye el dolor.

· Aumento del riego sanguíneo en la zona.

· Disminuye las contracturas musculares que se producen de manera secundaria.

· Lucha contra el debilitamiento y degeneración de las estructuras que protegen las articulaciones: los ligamentos y los músculos.

· Facilita la eliminación y evacuación local de los restos inflamatorios.

· Mejora la integración sensitiva de la zona.

· Aumenta la autoestima de la persona que se siente útil y parte activa en la lucha contra su dolor crónico.

¿QUÉ EFECTOS NO CONSIGUE EL MASAJE EN LOS PROBLEMAS REUMÁTICOS?

· No evita la evolución de la enfermedad.

· No mejora el deterioro articular.

¿Frío o calor?

El dolor, en este tipo de procesos, puede aliviarse de manera casera con la aplicación de frío o calor local. Lo más importante que debemos recordar es evitar el uso de calor durante los períodos de reagudización de los síntomas o brotes. En estas etapas hay una gran inflamación de la zona articular y con el calor podemos aumentarla. Por tanto, aplicaremos únicamente frío para controlarla. El masaje también estará contraindicado en la fase inflamatoria debido a que aumenta la temperatura de la zona.

SECUENCIA DE AUTOMASAJE Y AUTOMOVILIZACIONES PARA CADA ARTICULACIÓN

La intensidad del automasaje terapéutico no debe ser alta. Al tratarse de zonas degeneradas, no debemos ejercer fuerte presión. El objetivo no es llegar a la articulación, sino buscar efectos más generales como evitar las contracturas de los músculos que la rodean o mejorar el riego sanguíneo en la zona, entre otros.

Además de los pasajes clásicos de masaje, utilizaremos las automovilizaciones activas y pasivas y los estiramientos, para buscar el calentamiento de la articulación.

En la mayoría de las técnicas nos situaremos sentados en una silla o sobre el suelo, ya que es la posición que más movilidad nos permite para poder acceder a las diferentes regiones del cuerpo. Sin embargo, dependiendo del grado de afectación de cada persona, buscaremos la posición ideal que nos permita alcanzar la articulación con nuestras manos sin forzar el resto del cuerpo.

Trabajaremos primero con la articulación de un lado e inmediatamente después con su simétrica, antes de pasar a la siguiente dolencia. Es posible que haya únicamente afectación, por ejemplo, en una rodilla. Sin embargo, el automasaje debemos aplicarlo siempre en ambas, con una función preventiva y para evitar las sobrecargas a las que, sin ser conscientes, sometemos a la articulación sana.

El tratamiento más idóneo sería repetir el automasaje terapéutico para los problemas reumáticos al menos una vez al día. Como ya sabemos el masaje tiene una potente acción preventiva y cuando el dolor ya se ha instaurado es más difícil actuar.

LA CADERA

La degeneración reumática de la cadera supone una gran molestia para la persona que la padece, ya que las articulaciones del miembro inferior están soportando constantemente el peso del cuerpo. Además del dolor, comienzan a perderse movimientos de la articulación, como habitualmente ocurre por ejemplo con la extensión hacia atrás en la artrosis de cadera. Por ello es fundamental no sobrecargar la articulación y prevenir en la medida de lo posible su empeoramiento con consejos como: evitar el sobrepeso, usar bastones para caminar, evitar permanecer de pie o sentados durante períodos prolongados, evitar sentarnos en sillas muy bajas y hacer deportes que favorezcan la extensión de la cadera, forteciendo de manera específica el glúteo mayor y los isquiotibiales.

01. AMASAMIENTO NUDILLAR DE LOS ABDUCTORES

En la región lateral del muslo se encuentran los músculos separadores de las piernas, que son el tensor de la fascia lata y el glúteo medio. La degeneración articular sobrecarga y tensa esta región, por lo que debemos poner especial atención en ella. Nos encontramos sentados de manera que la pierna quede ligeramente elevada y podamos masajearla sin flexionar en exceso el tronco. Puede ser en una silla y con el pie apoyado sobre un banquito de cierta altura o en el suelo previamente acolchado. Con las manos apoyadas sobre los nudillos en la piel, comenzaremos con un masaje circular desde la zona de la cadera hasta la región lateral de la rodilla. Ascenderemos con la misma posición de la mano y el mismo movimiento hasta llegar al punto de partida. Si durante el recorrido encontramos puntos de tensión o molestias más intensos, nos detendremos unos segundos sobre ellos.

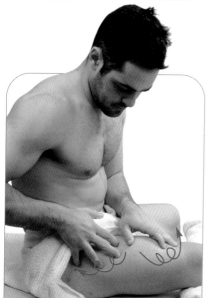

02. AMASAMIENTO DIGITAL DE LA CARA ANTERIOR DEL MUSLO Y PELVIS

Desde la misma posición de sentados, pero con la pierna menos flexionada, reduciremos la tensión en la musculatura del cuádriceps y psoas. Estos músculos son los responsables de la flexión de la cadera, y aunque el psoas es profundo y no se puede masajear directamente, buscaremos toda la relajación de las contracturas de la zona. Con el movimiento circular de nuestros dedos abarcaremos desde la zona alta de la pelvis donde se insertan estos músculos, hasta su descenso por el muslo.

03. Amasamiento digitopalmar de los abductores

Esta musculatura recorre la parte interna del muslo, abarcando hasta la zona de la ingle, donde con frecuencia aparecen dolores reumáticos. Separaremos ligeramente las piernas desde la posición de sentados para masajear con ambas manos situadas transversalmente a la pierna. Recorreremos en dirección desde la ingle hasta la parte interna de la rodilla, y a continuación ascenderemos con la misma técnica.

04. Amasamiento nudillar del glúteo mayor

Este masaje lo podemos aplicar sentándonos únicamente sobre un glúteo y dejando libre del apoyo el otro, o también tumbándonos sobre un lado. El glúteo es un músculo muy potente y para su amasamiento usaremos los nudillos de los dedos flexionados, con movimientos circulares. Recorreremos toda su superficie, desde la región lumbar hasta la región posterior de la pierna, deteniéndonos en las zonas de más tensión y molestias. Con frecuencia las zonas de más tensión las apreciaremos en su zona central, donde se localiza, e incluso podemos palpar la parte posterior de la articulación de la cadera.

LA RODILLA

Las rodillas con alteraciones reumáticas sufren con mucha frecuencia la aparición de deformidades óseas y articulares. Debemos prestar especial atención para no forzar estas estructuras, que consiguen degenerar y debilitar las protecciones musculares y ligamentosas. Evitaremos posturas forzadas como «de cuclillas», caminar mucho o subir escaleras y podemos usar bastones para disminuir el peso al caminar. La artrosis de rodilla es la más frecuente.

01. Amasamiento digital simétrico

La posición adecuada será sentados con la rodilla elevada hasta la altura de nuestros brazos, para evitar la tensión de la espalda. Apoyaremos las manos una en cada lateral de la misma rodilla. El movimiento circular de nuestros cuatro dedos largos, abarcará desde las zonas laterales del muslo hasta la pantorrilla. Si apreciamos deformidades, evitaremos presionar en exceso.

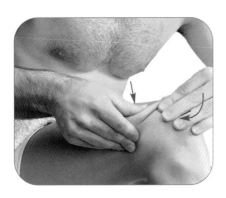

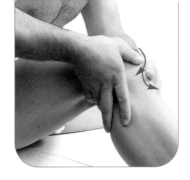

02. Amasamiento digitopalmar por encima de la rótula

Para realizar este automasaje tendremos que rotar el tronco con bastante agilidad, buscando siempre la posición más cómoda. El dedo pulgar de una mano y el tejido muscular y tendinoso abarcado por los dedos largos de la mano contraria, deben cizallar las zonas de tensión. Las manos se desplazarán en movimientos opuestos y transversalmente a la pierna. La zona de mayor tensión se localiza directamente por encima del hueso de la rótula, sin embargo podemos ascender con la misma técnica por el muslo para evitar las contracturas a este nivel.

03. Amasamiento con los pulgares por debajo de la rótula

Será el turno de la región de inserción en la zona alta de la tibia. Localizaremos nuestros dedos pulgares por debajo de la rótula, en la zona de tejido blando que palparemos. Con movimientos circulares alternativos masajearemos el cordón fibroso en sus laterales y por encima. Si descendemos por la pierna con la misma secuencia, lo haremos en su región más externa donde se localizan el músculo tibial anterior y peroneos, debido a que en la región interna únicamente palparemos el hueso de la tibia.

04. Amasamiento nudillar de la pata de ganso

La pata de ganso es una zona tendinosa que se localiza en la región posterior e interna de la rodilla. La degeneración articular puede afectar a estas zonas de inserción. Para masajear esta región, utilizaremos nuestros nudillos en movimientos circulares. Evitaremos masajear encima del hueco poplíteo o región posterior de la rodilla (corva), que como ya conocemos tiene un importante paquete vasculonervioso. Esta zona es accesible también desde la posición de sentados, con la rodilla semiflexionada y la mano en posición invertida a su colocación habitual.

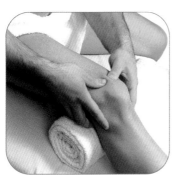

05. Masaje circular alrededor de la rótula

Ambos dedos pulgares nos ayudarán a relajar la tensión de la región de la rótula. Para ello la rodilla tiene que encontrarse completamente extendida, pero sin contracción muscular activa. Si no tenemos el miembro inferior en apoyo relajado, será muy difícil movilizar la rótula. Recorreremos todo el perímetro de este hueso con ambos pulgares, apreciando que relajamos cada vez más la zona.

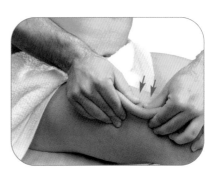

06. Pinzado rodado de la musculatura

Es muy habitual encontrar zonas de adherencias en las zonas sobrecargadas por una articulación con alteraciones reumáticas. El cuádriceps es un ejemplo de ello cuando la rodilla tiene problemas de este tipo. Nos resultará más sencillo el desplazamiento transversal de nuestros pulgares por la musculatura. Recorreremos desde la región interna hacia la externa del muslo con la pinza realizada entre el dedo pulgar que empuja y el índice de cada mano.

Es menos frecuente encontrar personas con afectación reumática de las articulaciones del tobillo o pie. La más habitual es la artrosis como consecuencia de lesiones traumáticas y la afectación del dedo gordo del pie.

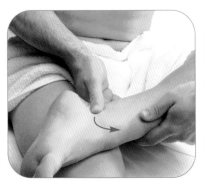

01. Masaje de roce circular del maléolo interno

El maléolo interno es una región ósea de la tibia que podemos apreciar como una prominencia en la región interna del tobillo. Para acceder a su masaje podemos cruzar la pierna a tratar sobre la otra, acercándonos el pie al muslo contrario. Con ambos dedos pulgares, trazaremos círculos completos en direcciones opuestas, deslizándonos por su perímetro. De manera alternativa, comenzaremos con un pulgar en un sentido y a continuación el otro en el sentido opuesto.

02. Masaje de roce circular del maléolo externo

El maléolo externo es una prominencia del hueso del peroné, situado en la región exterior de la pierna. Para acceder a esta zona del tobillo lo ideal será sentarnos en una silla con el pie elevado o aplicar el masaje en el suelo acolchado. Como en el masaje de roce anterior, recorreremos su circunferencia primero en un sentido con un pulgar y a continuación en el sentido contrario con el otro.

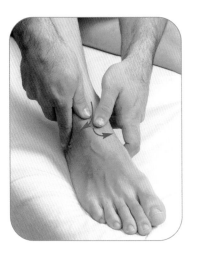

03. Masaje con los pulgares en la línea tibia-pie anterior

La región delantera de la articulación del tobillo puede resultar dolorosa con los procesos reumáticos y también por traumatismos. El amasamiento con los pulgares se aplicará desde arriba hacia abajo hasta el dorso del pie. Para acceder bien al tobillo podemos cruzar una pierna por encima de la otra, evitando apoyarlo en el suelo, ya que esto flexionaría el tobillo a noventa grados y nos limitaría la zona del masaje.

04. Masaje con los pulgares en talón

Con la misma técnica masajearemos toda la región posterior del tobillo, incluyendo el talón, el tendón de Aquiles y el hueso calcáneo que es el responsable del apoyo sobre el suelo. Comenzaremos desde la zona superior, con un dedo pulgar a cada lado, y finalizaremos insistiendo en el talón y zona de la planta.

EL HOMBRO

Los problemas reumáticos del hombro pueden limitar su arco de movimiento, que debemos mantener en la medida de lo posible con el ejercicio adecuado. Evitaremos sin embargo los movimientos forzados que incluyan un ascenso del hombro por encima de los noventa grados, sobre todo durante los periodos de reagudización.

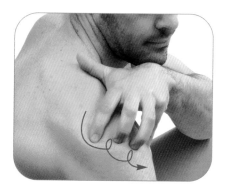

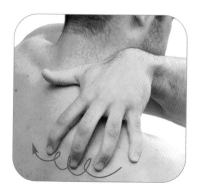

01. AMASAMIENTO DIGITAL DEL DELTOIDES

El deltoides es el músculo que cubre a modo de hombrera la cabeza del húmero. Los cuatro dedos largos se situarán en el hombro contrario, deslizándose transversal y longitudinalmente a las fibras de este músculo. Con movimientos circulares abarcaremos desde su zona alta cercana al trapecio hasta su inserción en la zona externa del brazo.

02. ROCE CIRCULAR CON EL PULGAR

La degeneración articular que producen las alteraciones reumáticas puede afectar esta zona, provocando fuertes molestias. Para aliviar y relajar la tensión en esta zona aplicaremos el pulgar de la mano contraria al hombro que estamos masajeando. Trazaremos círculos fijos y deslizantes, para recorrer una amplia zona e insistiendo en los puntos más molestos.

03. AMASAMIENTO DIGITAL DE LA REGIÓN ESCAPULAR

Pasaremos una mano por encima del hombro contrario y con nuestros dedos largos alcanzaremos la región posterior del hombro. Los movimientos circulares masajearán la musculatura que se inserta en el hueso de la escápula y en la parte posterior de la cabeza del húmero.

04. FRICCIÓN CIRCULAR CON EL PULGAR EN LA INSERCIÓN DEL DELTOIDES

La inserción del deltoides se encuentra en la región exterior del brazo, cercana a la cabeza humeral. Con el dedo pulgar de la mano contraria al hombro, presionaremos unos segundos y después aplicaremos movimientos circulares. Al tratarse de una técnica de fricción no habrá deslizamiento con la piel, sino que movilizaremos directamente los tejidos profundos.

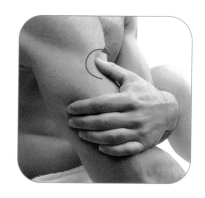

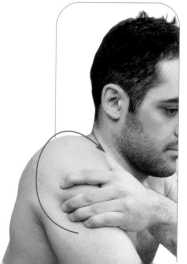

05. AUTOMOVILIZACIÓN CIRCULAR DEL HOMBRO

Abrazaremos con una mano toda la región que podamos del hombro contrario. Aplicaremos una suave fuerza, ayudando a movilizar toda la articulación del hombro de forma circular, primero en dirección hacia atrás y después hacia delante.

La regla más importante a tener en cuenta en el codo es que nunca debemos masajear sobre su zona delantera. Esta región puede fibrosarse con facilidad ante cualquier alteración, además de contener un importante paquete vasculonervioso con poca protección. La patología reumática del codo es muy poco frecuente, a excepción de las tendinitis, ya que tiene un origen generalmente traumático o de sobrecarga.

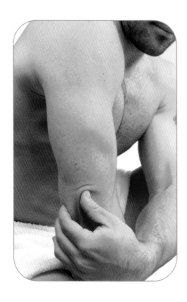

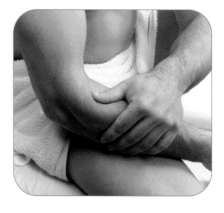

01. AMASAMIENTO DE LA INSERCIÓN DEL TRÍCEPS

Aplicaremos una pinza construida entre nuestros dedos pulgar e índice. Tomaremos el tendón del tríceps entre ellos, situado en la región posterior del codo, por encima del «hueso del codo» u olécranon. Con un movimiento de vaivén ascendente, conseguiremos amasar y descargar la tensión acumulada.

02. AMASAMIENTO DIGITOPALMAR CON UNA MANO DE LOS MÚSCULOS FLEXORES DE LA MUÑECA Y DEDOS

A continuación insistiremos en la inserción de los músculos flexores de la muñeca y dedos. Esta región se encuentra en la zona lateral interna del codo, la cual abarcaremos con una pinza formada por el dedo pulgar en oposición al resto de los dedos largos y la mano en posición ahuecada. Con presiones y tracción masajearemos toda la musculatura de la zona, para aliviar la tensión que genera en la articulación del codo.

03. AMASAMIENTO DIGITAL DE LOS MÚSCULOS EXTENSORES DE LA MUÑECA Y DEDOS

Los músculos extensores de la muñeca y dedos se sitúan por oposición en la región contraria del antebrazo. Esta vez serán los cuatro dedos largos los encargados de amasar con su movimiento circular la región posterior y externa del codo. Si esta musculatura se encontrase muy tensa, también podríamos utilizar el amasamiento con los nudillos de los dedos flexionados para imprimir más fuerza.

04. AMASAMIENTO CIRCULAR CON EL PULGAR EN LA INSERCIÓN DEL BÍCEPS

El bíceps es el músculo encargado de la flexión y supinación del codo. Su inserción en la articulación del codo puede verse afectada por las alteraciones de esta articulación. Con el pulgar de la mano contraria presionando sobre la cara anterior del hueso del radio, aplicaremos movimientos circulares fijos y deslizantes hasta relajar y eliminar las molestias de la zona.

El automasaje terapéutico en las alteraciones reumáticas y en los dolores articulares

LA MUÑECA Y LA MANO

Las afectaciones reumáticas de la muñeca y la mano son las más frecuentes, produciendo deformidades importantes y dolor que comprometen seriamente su funcionalidad en algunos casos.

01. MASAJE MONODIGITAL EN LAS ARTICULACIONES PEQUEÑAS DE LOS DEDOS

El dedo pulgar recorrerá una a una todas las líneas articulares de los dedos para masajear la musculatura, los ligamentos y las cápsulas. Los movimientos serán circulares y lineales, friccionando suavemente para aumentar el riego sanguíneo en la zona.

02. MOVILIZACIÓN DE LA PRIMERA FALANGE

Tomaremos la primera falange entre nuestros dedos pulgar e índice en pinza de la mano contraria. Permaneceremos con la mano quieta mientras deslizamos con la pinza el dedo en flexión y extensión suave. También podemos imprimir un movimiento de separación y juntar. Recorreremos todo el movimiento que no sea doloroso. Cuando hayamos finalizado con el primer dedo, será el turno del siguiente y así hasta completar toda la mano.

03. MOVILIZACIÓN DE LA SEGUNDA FALANGE

Para mover la segunda falange, fijaremos con el pulgar de la misma mano por debajo de la primera falange para que no se desplace. Con la misma pinza entre el pulgar y el índice de la mano contraria, nos moveremos en dirección de flexión y extensión. Evitaremos a partir de esta articulación los movimientos laterales, ya que forzaríamos en exceso las estructuras de protección, así como cualquier ejercicio molesto. De igual modo recorreremos, uno a uno, todos los dedos de la mano.

04. MOVILIZACIÓN DE LA TERCERA FALANGE

La tercera falange es la que forma la punta del dedo. Para aislar su movimiento, estabilizaremos el resto del dedo con el pulgar de la misma mano. Únicamente en movimientos de flexión y extensión no dolorosos, masajearemos la articulación para evitar su pérdida de movilidad.

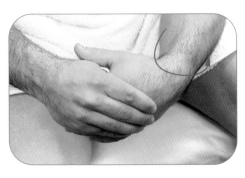 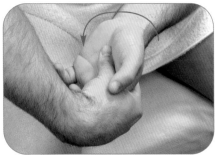

05. MOVILIZACIÓN DE LA MUÑECA

Tomaremos con una mano la mano contraria, cercana a la muñeca. Recorreremos todos los posibles movimientos de esta articulación, tanto en flexión y extensión como en lateralizaciones y movimiento circular. Aplicaremos una ligera fuerza de tracción, de separación de la articulación, para reducir la presión dentro de ella durante los movimientos.

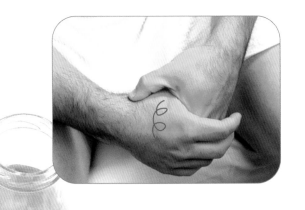

06. FRICCIÓN Y ROCE CON EL PULGAR DE LA MUÑECA

Deslizaremos el dedo pulgar por las caras anterior, posterior y laterales de la muñeca con un movimiento de masaje circular. Algunas veces aplicaremos fricción sobre los tejidos profundos cuando palpemos regiones dolorosas y sin embargo otras veces nos deslizaremos directamente sobre la piel, reduciendo la tensión en las zonas más superficiales. Palparemos y masajearemos cada una de las pequeñas articulaciones que encontremos, sus diminutos ligamentos, tendones y músculos. Seremos precavidos con la presión que apliquemos debido al contenido de vasos sanguíneos y nervios que también discurren por la zona.

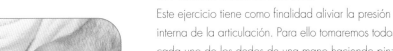

07. TRACCIÓN GLOBAL DE CADA DEDO

Este ejercicio tiene como finalidad aliviar la presión interna de la articulación. Para ello tomaremos todos y cada uno de los dedos de una mano haciendo pinza con los dedos de la otra mano. Desde la punta del dedo, ejerceremos una suave fuerza de tracción, como si quisiésemos separarlo de la mano. Mantener esta fuerza durante al menos un minuto para aumentar el espacio entre los huesos y aliviar así la articulación. Una vez más, la regla del no dolor tendrá un papel importante en la intensidad del ejercicio.

EJERCICIOS PREVENTIVOS Y DE FORTALECIMIENTO ACTIVO

A. MIEMBROS SUPERIORES

MUÑECA Y DEDOS

Hacer fuerza con una pelota suave: Con este ejercicio pretendemos ganar fuerza, mejoramos movilidad y aumentamos la separación entre los huesos, aliviando la articulación. Comprimiremos, mantendremos unos segundos y relajaremos.

Círculos con las muñecas: Moveremos suavemente toda la articulación en el recorrido más amplio que nos permita el dolor.

Flexión, extensión y desviación lateral de las muñecas: Podemos ayudarnos con la otra mano para forzar suavemente cada posición.

Abrir y cerrar dedos:
Todos los dedos simultáneamente.

Pinza con cada uno de los dedos: Uniremos el pulgar con todos y cada uno de los dedos largos, flexibilizando las articulaciones.

CODO

Pronación y supinación del antebrazo: Con el brazo semiflexionado, giraremos alternativamente el antebrazo, colocando la palma de la mano hacia arriba y hacia abajo.

Flexión y extensión del codo: Flexionaremos hasta tocar con la mano el hombro del mismo lado y después extender al máximo posible.

HOMBROS

Juntar las palmas de las manos por detrás de la cabeza: De esta forma trabajamos la rotación externa de los hombros.

Juntar las palmas de las manos por detrás de la zona lumbar de la espalda: Para evitar el deterioro de la rotación interna y la extensión del hombro.

Elevar los brazos por delante hasta los noventa grados: Procuraremos no forzar las posiciones del hombro por encima de los noventa grados, donde el dolor aparece con mayor frecuencia. Para subir llevaremos las palmas de las manos hacia arriba y para bajarlas hacia abajo.

Separar los brazos por los lados hasta los noventa grados: Trabajamos así para evitar la abducción de los hombros.

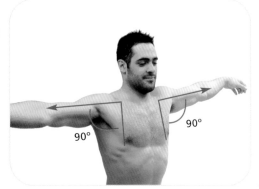

B. MIEMBROS INFERIORES

CADERA

Glúteo unilateral activo: Tumbados boca arriba, con ambos pies apoyados en el suelo y las rodillas flexionadas. Contraemos el músculo glúteo para separar la pelvis del suelo, sin levantar mucho y siempre dentro del rango sin dolor.

Flexión de cadera: Tumbados boca arriba con las piernas flexionadas o estiradas, acercaremos las rodillas al pecho alternativamente, sin ayudarnos de los brazos.

Separar y juntar piernas: Tumbados boca arriba, con los pies apoyados en el suelo y las rodillas flexionadas. Juntaremos las rodillas con fuerza y a continuación las separaremos todo lo que podamos en dirección a los laterales.

Rotaciones de cadera: Tumbados boca arriba con una pierna flexionada para corregir la lordosis lumbar. Elevaremos la otra pierna y la rotaremos hasta tocar con el pie, la rodilla contraria flexionada. Después rotaremos hacia el lado contrario y descenderemos para descansar.

RODILLAS

Flexionar rodillas: En la posición de tumbados boca abajo, acercaremos cada uno de los pies alternativamente hacia la región del glúteo.

Círculos con las rodillas: Nos situamos de pie y con las manos apoyadas en nuestras rodillas, flexionando ligeramente el tronco hacia delante. Dibujaremos pequeños círculos en el aire con las rodillas dobladas ligeramente, primero hacia un lado y después hacia el contrario.

Extensión de las rodillas: En posición de sentados contraeremos el cuadríceps para extender la pierna por completo y después relajar progresivamente hasta llegar con el pie al suelo de nuevo.

TOBILLO Y DEDOS

Flexionar y extender los dedos de los pies: Nos podemos ayudar de una toalla extendida en el suelo. Intentaremos arrugarla y estirarla con la ayuda de los dedos, teniendo el pie apoyado.

Círculos con los pies: En ambos sentidos y recorriendo al máximo la movilidad del tobillo en todos sus ángulos.

Flexión, extensión e inclinaciones laterales de los pies: Siempre activo, aunque podemos ayudarnos de las manos para ampliar el recorrido, para evitar su deterioro.

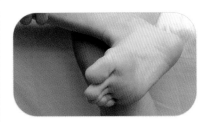

07 EL DOLOR ABDOMINAL Y PÉLVICO

QUIZÁS UNO DE LOS MAYORES PROBLEMAS DE SALUD QUE AFECTAN AL HOMBRE MODERNO ES EL ESTREÑIMIENTO, MUY CONDICIONADO POR FACTORES COMO LA VIDA SEDENTARIA Y UNA DIETA DESEQUILIBRADA EN GRASAS, PROTEÍNAS E HIDRATOS DE CARBONO. ESTE TRASTORNO QUE AFECTA AL SISTEMA DIGESTIVO PUEDE ALTERAR A LA SALUD Y MANIFESTARSE DE FORMA DOLOROSA.

EN EL CASO DE LA MUJER, PUEDEN APARECER OTRO TIPO DE MOLESTIAS RELACIONADAS CON LA MENSTRUACIÓN O CON EL EMBARAZO, ADEMÁS DE OTRAS DOLENCIAS, QUE PUEDEN AFECTAR TANTO AL HOMBRE COMO A LA MUJER, RELACIONADOS CON EL SOBREPESO.

EL TRÁNSITO INTESTINAL

El estreñimiento se define como una reducción de las deposiciones intestinales, con la consecuente retención de residuos. En algunos casos, la deposición llega a ser difícil e incluso dolorosa. Se sabe que los hábitos de vida de los países desarrollados favorecen la aparición de este trastorno de manera crónica, lo que con el tiempo puede dar origen a afecciones más graves. Lo ideal es ir al baño después de cada comida, sin embargo, una vez al día se considera dentro de la normalidad.

CONSEJOS PARA COMBATIR EL ESTREÑIMIENTO

· Mejorar nuestros hábitos alimenticios, tomando mucha fibra (verduras, frutas, hortalizas, legumbres, cereales integrales, etc.), evitar el consumo de alimentos que producen flatulencia (coliflor, coles, alcachofas, etc.) y reducir las grasas, dulces y alimentos difíciles de digerir o pesados.

· Beber gran cantidad de agua, al menos dos litros al día.

· Disminuir el estrés.

· Evitar llevar una vida sedentaria.

· Masticar y comer lentamente, para facilitar la digestión.

· Evitar el consumo de tóxicos como el café, el tabaco y el alcohol.

· Organizarse los horarios y llevar una rutina, evitando los cambios de hábitos bruscos y dedicando a esta función fisiológica un tiempo después de cada comida.

· Reducir en la medida de lo posible la ingesta de medicamentos.

· Aplicar calor local en la región del abdomen durante unos minutos.

· Realizar ejercicio regular para activar la musculatura abdominal.

· Masaje abdominal para facilitar el tránsito intestinal.

ANATOMÍA DEL INTESTINO GRUESO

El masaje abdominal va dirigido a la estimulación de las fibras musculares lisas del intestino grueso o colon, que es la última parte del tubo digestivo. Podemos distinguir en él tres partes: el intestino grueso ascendente, el transverso y el descendente. El tracto ascendente se encuentra en la región lateral derecha del abdomen, en dirección vertical y en sentido

hacia arriba del tránsito. El tracto transverso se encuentra en la región alta del abdomen, por debajo de las primeras costillas, en dirección horizontal y en sentido del tránsito desde la derecha hacia la izquierda. Por último, el tracto descendente se encuentra en la región lateral izquierda, en dirección vertical y en sentido hacia abajo del tránsito.

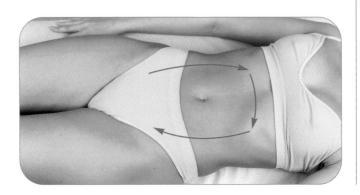

SECUENCIA DEL MASAJE ABDOMINAL PARA MEJORAR EL TRÁNSITO DIGESTIVO

El masaje abdominal sigue las mismas reglas que los demás masajes terapéuticos, respecto a las contraindicaciones. Sin embargo, en esta región se deben precisar ciertos matices, como el hecho de que no debemos aplicarlo en una mujer embarazada y esperar aproximadamente dos horas después de las comidas.

El masaje abdominal se debe aplicar cuidadosamente, debido a que estamos presionando sobre la pared muscular que protege muchos órganos importantes del cuerpo. Sin embargo, las técnicas que apliquemos sobre la pared abdominal deben ser firmes y seguras, para no desencadenar el reflejo cutáneo abdominal. Para sentirnos seguros en la aplicación de este tipo de masajes, debemos tener un amplio conocimiento de la anatomía y aprender poco a poco con la experiencia a sentir lo que tenemos debajo de los dedos.

La posición idónea para acceder correctamente a la región abdominal será con la persona tumbada boca arriba y con las piernas ligeramente flexionadas para favorecer la relajación de la musculatura. Podemos utilizar un rodillo de toalla bajo las rodillas para este fin.

01. ROCE DE VACIADO DEL COLON DESCENDENTE
Las manos se alternarán para masajear con la palma y los dedos abiertos y relajados. Comenzaremos facilitando el vaciado del último tramo del tubo digestivo, para lo que comenzaremos en la zona izquierda y alta del abdomen. Desde este punto nos deslizaremos repetidamente trazando una línea vertical y hacia abajo, alcanzando la región de la ingle.

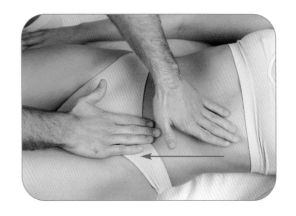

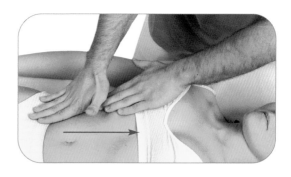

02. Roce de vaciado del colon transverso

Ahora las manos se deslizarán por el tracto medio. Comenzaremos el rozamiento desde la parte superior derecha hasta la región superior izquierda del abdomen. La manos repetirán el deslizamiento por el tejido cutáneo de forma alternativa, presionando suave y lentamente.

03. Roce de vaciado del colon ascendente

Será el turno del tramo ascendente del intestino grueso por lo que apoyaremos nuestras manos sobre la región inferior derecha del abdomen, cercana a la ingle. El deslizamiento nos llevará hasta la región superior derecha, facilitando su tránsito intestinal con la misma técnica.

04. Roce profundo circular con las dos manos

Aplicaremos a continuación ambas manos a la vez para dibujar un círculo en la región del abdomen. Comenzaremos con círculos pequeños cercanos al ombligo, para ir aumentando su diámetro hasta cubrir todo el abdomen. Siempre seguiremos la misma dirección de las manos: el sentido circular de las agujas del reloj, que coincide con el del tránsito intestinal.

05. Roce vertical

Comenzaremos apoyando las manos sobre la zona baja del esternón en el centro del pecho y descenderemos primero con una mano y luego con la otra hasta el pubis. Este rozamiento recorrerá la línea alba o central del abdomen suave y alternativamente.

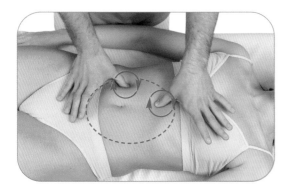

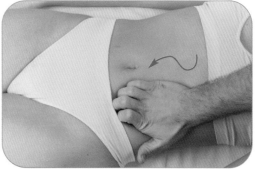

06. Fricciones puntuales recorriendo el círculo

Imaginaremos a continuación un círculo que recorre todos los tramos del colon. Este círculo estará formado por muchos puntos, sobre los que apoyaremos nuestro dedo pulgar. Mantendremos durante algunos segundos una presión y fricción circular con la yema del dedo en cada punto, sin deslizarnos sobre el tejido cutáneo.

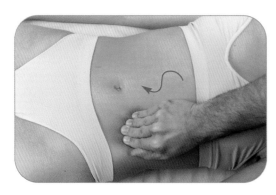

07. Gusano con la mano

El movimiento que aplicaremos con la mano será ondulatorio, desplazando la fuerza desde el talón de la mano hasta los dedos como si de un gusano se tratase. De esta manera amasaremos la musculatura lisa como si quisiésemos bombear su contenido. Comenzaremos facilitando el vaciado del colon descendente en primer lugar, para posteriormente continuar con los demás tramos.

08. Amasamiento con los pulgares descendente

Los movimientos circulares alternativos sobre el abdomen nos servirán ahora para empujar el contenido intestinal. Como siempre, comenzaremos con el colon descendente para lo que nos tendremos que situar en el lateral izquierdo de la camilla y a la altura del tronco de la persona que está recibiendo el masaje. Descenderemos por el lateral izquierdo del abdomen hasta la ingle.

09. Amasamiento con los pulgares transversal

Nuestra posición será ahora en el lateral derecho de la camilla a la altura del abdomen de la persona, comenzando en el vértice superior con el movimiento circular alternativo propio de este amasamiento.

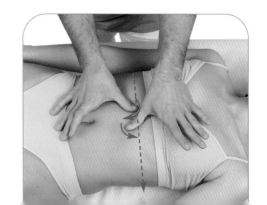

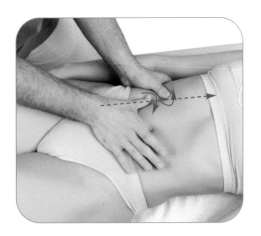
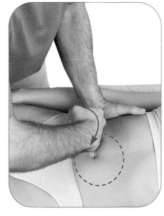

10. Amasamiento ascendente con los pulgares

Para finalizar y desde el mismo lateral de la camilla, pero a la altura de las piernas repetiremos la misma técnica en el colon ascendente. Nos deslizaremos hacia arriba desde la ingle derecha por todo el lateral del abdomen.

11. Roce circular con el puño

Este procedimiento contiene dos tipos de giro. El primer giro lo realizaremos sobre nuestra muñeca, rozando con pequeños círculos del puño. El movimiento global también será circular, siguiendo el recorrido del tránsito intestinal. Comenzaremos en el tracto ascendente, siguiendo el movimiento normal hasta el final del tracto descendente.

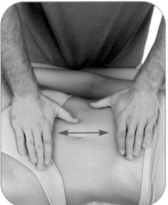
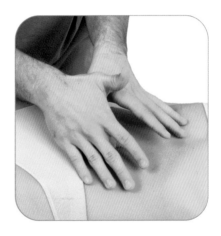

12. Fricción de una mano arriba y la otra abajo

Someteremos a continuación a la musculatura del abdomen a una fuerza de tracción. Como punto de partida apoyaremos las manos transversalmente en el centro del abdomen. Desde esta posición las deslizaremos en direcciones opuestas, una hacia arriba, llegando al pecho y la otra hacia abajo, hasta el pubis. Repetiremos la secuencia varias veces, siempre regresando al punto de partida.

13. Tecleteos en círculos

Los dedos largos de ambas manos percutirán suavemente la musculatura del abdomen siguiendo el recorrido circular del tracto intestinal. Comenzaremos desde el tracto ascendente, seguiremos por el transverso y finalizaremos con el descendente.

EJERCICIOS DE CONTRACCIÓN ABDOMINAL

La contracción de la musculatura abdominal es fundamental para el correcto tránsito intestinal y ayuda a la expulsión de gases. Con estos sencillos ejercicios diarios podemos ayudar a reducir el estreñimiento y eliminar con más facilidad las flatulencias.

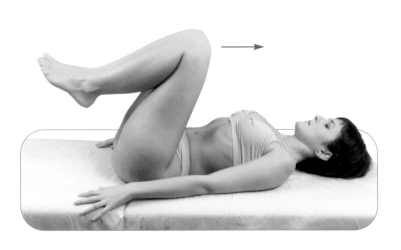

01. Elevar piernas flexionadas al pecho

Nos encontraremos tumbados boca arriba, con las piernas flexionadas y los pies apoyados. Esta posición relajada será el punto de partida. Tomaremos aire y mientras lo soltamos lentamente realizamos una elevación de ambas rodillas hacia el pecho; mantendremos la posición durante algunos segundos, y volveremos a la posición inicial muy lentamente. Repetiremos diez veces seguidas.

02. Abdominales superiores con piernas apoyadas

Continuamos en la misma posición de partida, pero a continuación será el tronco el que se flexione. Durante la fase de expulsión del aire de los pulmones, separaremos los hombros y la parte alta de la espalda del suelo. No debemos flexionar el cuello en exceso, sino dirigirnos hacia el techo, incluso con la mirada. Repetiremos otras diez veces, regresando suavemente cada vez al apoyo en el suelo con toda la espalda.

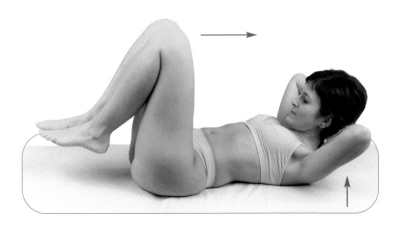

03. Flexión de tronco y piernas simultáneamente

La espiración será el momento para juntar en el aire las rodillas y el tronco. Aproximaremos el pecho con las rodillas y después relajaremos progresivamente. Repetiremos de nuevo diez veces.

EL AUTOMASAJE EN LOS DOLORES MENSTRUALES

La dismenorrea o la menorralgia se define como menstruación dolorosa. La menstruación y el proceso de ovulación producen con frecuencia dolores reflejos en la zona lumbar y abdominal baja. Con el masaje para este tipo de dolencias no pretendemos actuar directamente sobre el foco del dolor, ya que no existe alteración alguna. Sin embargo, conseguiremos reducir la percepción de las desagradables sensaciones a través del tacto en las zonas donde se refleja el dolor. Cada mujer conoce la localización y ritmo de sus dolencias cíclicas, de manera que no hay nadie mejor que ella misma para calmar el dolor a través del automasaje.

A continuación se muestran unos sencillos consejos para aliviar las zonas más frecuentemente irritadas aunque no será necesario seguir de forma estricta estas secuencias. Cada mujer deberá adaptar su automasaje al tipo, localización, ritmo o evolución de sus dolores.

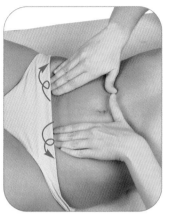 

02. Presión puntual en la zona baja del abdomen bilateral

Utilizaremos nuestros dedos índices o pulgares para presionar sobre lo que sería la zona refleja de los ovarios a ambos lados del abdomen bajo. Mantendremos la presión constante durante un minuto, con una fuerza que dependerá de la sensación analgésica que nos aporte.

01. Roce circular en la zona baja del abdomen con los dedos largos

Aplicaremos nuestros propios dedos en abanico para calmar la zona baja del abdomen y pubis. Los movimientos circulares de los dedos largos aumentarán progresivamente su intensidad, presionando y profundizando en los tejidos, según la tolerancia de cada mujer. Podemos utilizar una o dos manos, según la destreza que tengamos con la técnica.

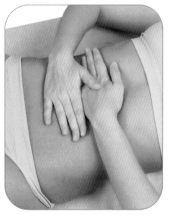 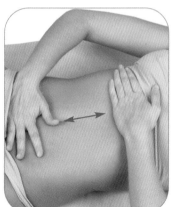

03. Roce vertical con una mano en el abdomen

Apoyaremos una mano en la zona baja del pecho. Suavemente la deslizaremos hasta el pubis, masajeando con la palma y los dedos abiertos. Consecutivamente desplazaremos la otra mano, alternándolas de esta forma durante varios minutos y siempre en la misma dirección.

04. Tracción vertical con dos manos en el abdomen

Las dos manos comenzarán apoyadas en el centro del abdomen, cercanas al ombligo y situadas transversalmente. Al mismo tiempo deslizaremos una y otra en direcciones opuestas, una ascendiendo hacia el pecho y la otra mano descendiendo hacia el pubis. Una vez mantenido el estiramiento y la tracción, volverán a la posición inicial para repetir varias veces la secuencia.

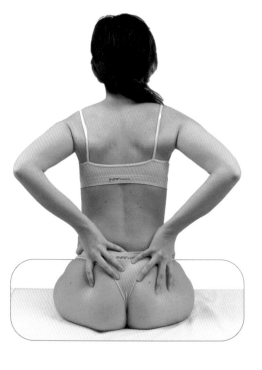

05. Roce en abanico de los dedos en columna lumbar bilateral
Para aplicar este masaje debemos incorporarnos de la posición de tumbados hasta sentarnos cómodamente. Alcanzaremos con nuestras manos la región lumbar y pélvica de la espalda. Los dedos largos quedarán libres para realizar un movimiento circular y en abanico, de manera que reduzcan las dolencias de los dolores irradiados hacia estas zonas. Los movimientos de cada mano serán opuestos y nos detendremos con ellos durante varios minutos.

EL EMBARAZO

Por precaución no debemos tumbar a una mujer embarazada nunca boca abajo, sobre todo a partir del primer trimestre. Debido a esto aplicaremos el masaje con la mujer tumbada de lado y con las piernas ligeramente flexionadas.

Durante la gestación el cuerpo de la mujer sufre innumerables cambios en su organismo. Muchos de los cambios físicos se deben a ajustes para garantizar el futuro del bebé, como el crecimiento de las mamas o el aumento del tejido adiposo. Otros de los cambios se deben a la necesidad de adaptación del cuerpo al espacio que necesita el feto, así como para soportar su peso, y todo ello según crece progresivamente.

Todos ellos influyen sobre el aparato locomotor, sobrecargando zonas muy determinadas. Los principales cambios en el aparato locomotor son:

· Desplazamiento del centro de gravedad hacia delante, por aumento del abdomen y las mamas.

· Aumento de la curvatura o lordosis lumbar.

· Apertura pélvica.

· Aumento del peso que soportan los miembros inferiores y la espalda.

· Aumento de las dificultades del retorno venoso en miembros inferiores.

Como podemos observar, además de los problemas circulatorios de los que se habla específicamente en su capítulo correspondiente, las regiones más expuestas a dolencias durante este periodo son la columna lumbar, sacra y pélvica. Consideramos por tanto como fundamental para la prevención de sus dolencias, los ejercicios para la espalda descritos en el capítulo dedicado al dolor de espalda. Estos ejercicios se podrán realizar en función del volumen del abdomen, y recomendándose sobre todo en los primeros meses del embarazo. Consultaremos previamente con nuestro especialista y nunca los realizaremos en embarazos de riesgo.

Anatomía de la pelvis y el sacro

La pelvis está compuesta por dos huesos llamado coxales, formados a su vez cada uno por tres huesos fusionados: el ilion, el isquion y el pubis. Estos huesos se articulan con el sacro y éste a su vez con el tronco a través de la columna vertebral. Por otro lado, la pelvis se relaciona con los miembros inferiores a través de la articulación de la cadera.

La posición pélvica es fundamental para obtener una postura corporal correcta. La posición de la pelvis influye directamente sobre la columna lumbar, por lo que en el embarazo se verá alterada.

Las articulaciones sacroiliacas son las formadas entre el hueso del sacro y la pelvis. Hace algún tiempo se pensaba que su movimiento era imperceptible y sin validez terapéutica. Sin embargo, hoy sabemos que su movilidad es muy importante y aunque de pocos grados, es fundamental para el equilibrio y ausencia de dolencias pélvicas. La vasculación pélvica es uno de los movimientos donde se ve claramente la oscilación del sacro sobre la pelvis.

El masaje terapéutico de la región lumbar y articulaciones sacroiliacas.

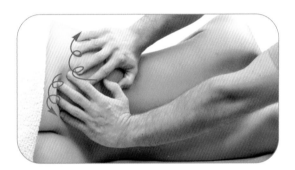

01. AMASAMIENTO DIGITAL DE LAS ARTICULACIONES SACROILÍACAS
Accederemos a las articulaciones sacroiliacas desde la región glútea. Comenzaremos descendiendo desde la zona lumbar con los movimientos circulares de las yemas de nuestros dedos largos. Insistiremos con el amasamiento en la región que palpemos como dolorosa, aumentando la presión y profundidad en los tejidos, según nos permita la tolerancia de cada persona.

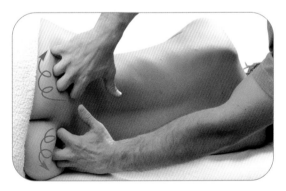

02. AMASAMIENTO NUDILLAR DE LAS ARTICULACIONES SACROILÍACAS
Con esta técnica podemos aplicar una fuerza mayor, por lo que seremos precavidos en su utilización. Aplicaremos movimientos circulares fijos encima de la musculatura que recubre estas articulaciones, sin desplazarnos y orientando las manos para poder cubrir toda su superficie.

03. TÉCNICA DE FRICCIÓN DE RASCADO EN LAS ARTICULACIONES SACROILÍACAS
Este masaje de rascado o cepillado de la articulación lo realizaremos con las puntas de los dedos largos. Los situaremos longitudinalmente, de manera que recorran toda la línea articular. Con una fricción que no debe deslizar los dedos por encima de la piel que presionan, pretendemos calmar la región. Describiremos pequeñas líneas verticales hacia arriba y hacia abajo, limitadas por la elasticidad del tejido cutáneo.

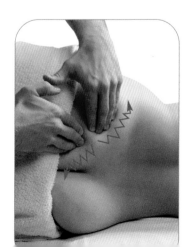

04. Presión en el ligamento iliolumbar

El dedo pulgar o el índice nos ayudarán a aplicar una presión puntual sobre la zona que une la apófisis de la última vértebra lumbar con el hueso coxal de cada lateral. Podemos presionar sobre ambos hemicuerpos a la vez o en dos tiempos distintos. Mantendremos la fuerza con intensidad constante durante un minuto.

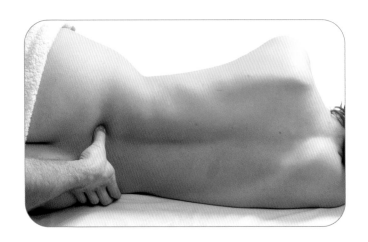

05. Técnica de fricción de rascado en la charnela lumbosacra

Se conoce como charnela lumbosacra a la unión entre la última vértebra lumbar y el sacro. Es una zona que sufre grandes tensiones al aumentar las curvaturas de la columna por el embarazo. La técnica de rascado será igual que la descrita anteriormente para las articulaciones sacroilíacas, pero en este momento las fricciones verticales se aplicarán en la parte superior del sacro. El límite de los movimientos lo marcará la elasticidad del tejido de la zona, ya que no debemos deslizar nuestros dedos sobre la piel, sino actuar directamente sobre los tejidos profundos.

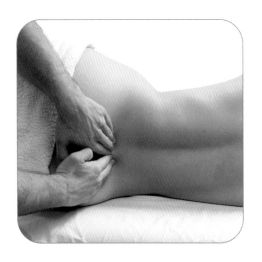

06. Roce suave desde la región lumbar al sacro

Deslizaremos ahora ambas manos al mismo tiempo desde la zona lumbar hasta el sacro. Trazaremos dos líneas verticales y paralelas para calmar la zona dolorida de una forma global.

07. Presiones puntuales en las articulaciones sacroilíacas

Imaginaremos a continuación las líneas articulares sacroilíacas. Formarán dos líneas diagonales que se unirán en el cóccix, y estarán formadas por varios puntos. Sobre estos puntos imaginarios debemos presionar durante varios segundos. También podremos aplicar una suave fricción circular en cada uno de ellos.

EL MASAJE ABDOMINAL ADELGAZANTE

El masaje adelgazante pretende movilizar los tejidos grasos localizados en la región del abdomen, así como aumentar el tono y firmeza de la musculatura de la zona. Su eficacia estará supeditada al consumo de una dieta equilibrada y a la realización de ejercicio físico regular.

Las técnicas son similares a las clásicas, pero con un incremento de la intensidad y la velocidad de la aplicación.

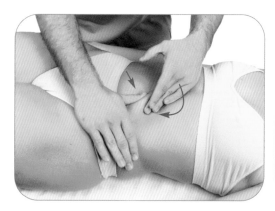 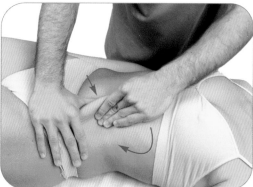

01. AMASAMIENTO DIGITOPALMAR

Abarcaremos la musculatura abdominal sin arrastrar los órganos internos ni hacer excesiva presión sobre ellos. Alternaremos los movimientos cíclicos de una mano y otra de forma rápida, aumentando la temperatura de la zona y enrojeciéndola en pocos minutos. Los dedos largos y la palma de una mano arrastrarán y abarcarán todo el tejido muscular posible para comprimirlo después contra el pulgar de la mano opuesta. La dirección de desplazamiento de la mano puede ser vertical u horizontal, pero siempre siguiendo un ritmo constante.

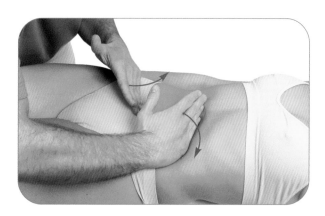 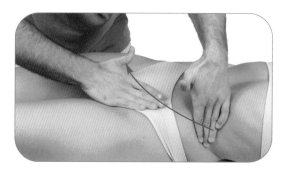

03. ROCES INTENSOS DESDE LOS LATERALES HACIA ABAJO

Comenzaremos apoyando ambas manos en un lateral del abdomen. Desde este punto descenderán, primero una y después la otra mano hasta la ingle contraria. Rozarán así las fibras de la musculatura oblicua, aumentando su temperatura y mejorando el riego sanguíneo que elimina la grasa de la zona.

02. ROCES INTENSOS HACIA ARRIBA CON AMBAS MANOS A LA VEZ

Desde el pubis hasta la zona alta del abdomen, deslizaremos rápida y alternativamente ambas manos. Utilizaremos el borde de la mano del dedo meñique, estirando y amasando la musculatura y tejidos grasos a cada pasaje.

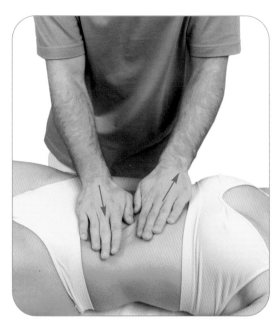
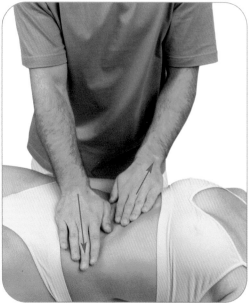

04. Fricciones transversales con las palmas

Las manos comenzarán apoyadas con las palmas abiertas sobre el centro del abdomen y de manera transversal a él. Las deslizaremos en direcciones opuestas, cada una hacia uno de los laterales del abdomen, para a continuación invertir sus sentidos. Conseguiremos con ello un rápido cizallamiento de la zona, capaz de movilizar todos los tejidos, incluidas las capas adiposas.

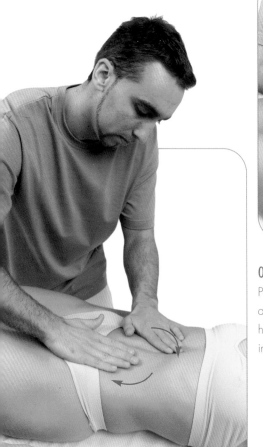

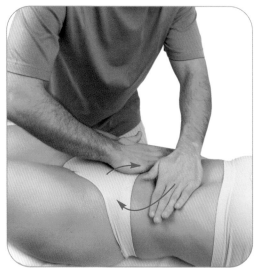

05. Roces circulares rápidos

Para finalizar, ejecutaremos un movimiento circular rápido con ambas mano sobre el abdomen. No ejerceremos mucha presión hacia los órganos para no influir sobre el tránsito intestinal y poder invertir el sentido del giro en ambas direcciones.

08 EL MASAJE TERAPÉUTICO EN LAS ALTERACIONES CIRCULATORIAS LINFÁTICAS Y ARTERIOVENOSAS

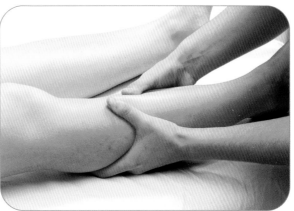

Por un lado, el sistema linfático con su perfecto funcionamiento garantiza el equilibrio interno de los líquidos y favorece la eliminación de los deshechos metabólicos. Y, por otro, el sistema circulatorio se encarga de devolver al corazón la sangre que ha distribuido el oxígeno y los nutrientes necesarios por todo el organismo. El funcionamiento de ambos sistemas puede verse alterado por las formas de vida modernas y el masaje terapéutico es una solución para favorecer la eliminación de líquidos y estimular la circulación sanguínea.

MASAJE PARA LAS ALTERACIONES DE LA CIRCULACIÓN LINFÁTICA

Este masaje es conocido como drenaje linfático manual y fue introducido por el matrimonio alemán Vodder a principios de la década de 1930. Posteriormente ha sido desarrollado y destacado con un importante papel terapéutico por Leduc (Bruselas).

El drenaje linfático ayuda a evacuar los líquidos excedentes y los desechos metabólicos acumulados en los tejidos hacia los vasos linfáticos. Este masaje se puede utilizar cuando existen determinadas patologías que afecten directamente al sistema linfático, viendo éste disminuida su capacidad de transporte o produciéndose un aumento del líquido. Sin embargo, no sólo se aplica en este tipo de alteraciones graves, sino también en personas cuya dificultad circulatoria es leve, o se persigue un cuidado y prevención del tejido cutáneo. En ambos casos la acción del sistema linfático se verá potenciada, y por esto tiene además una importante aplicación y efectos estéticos sobre el tejido cutáneo y la retención de líquidos. Aporta también efectos sedantes, relajantes y analgésicos.

EL SISTEMA CIRCULATORIO LINFÁTICO

ANATOMÍA

El sistema circulatorio que más se conoce es el sanguíneo o arteriovenoso. Además de este sistema, el organismo dispone de una red de vasos paralela por la que circula un líquido diferente a la sangre: la linfa. La circulación linfática se origina en la mayoría de los tejidos corporales, sobre todo en los órganos más activos, donde los líquidos se filtran hacia los capilares linfáticos. Una vez introducidos en el circuito, viajarán lentamente por todo el cuerpo hasta desembocar en la circulación venosa a la altura de la unión de la vena yugular interna y la subclavia. Este punto se denomina «términus» y se sitúa en la base del cuello, llegando la mayor parte de la linfa corporal al lado derecho.

El circuito de la linfa está compuesto por diferentes vasos linfáticos, como los canales, capilares, colectores y troncos linfáticos. Los ganglios son zonas donde estos vasos se ensanchan y están repartidos por todo el cuerpo, encontrando regiones con mayor concentración como el cuello, las axilas, las ingles o el hueco poplíteo. Es fundamental conocer su localización para realizar correctamente el masaje de drenaje linfático, ayudando a la evacuación de los líquidos por su lugar correspondiente. Forman parte del sistema linfático además, órganos corporales como el timo, el bazo o la médula ósea, entre otros.

COMPOSICIÓN DE LA LINFA

La linfa es un líquido de color blanco amarillento, debido a las sustancias que se transportan en él y que no pueden hacerlo por las vías sanguíneas. La linfa contiene agua, proteínas, grasas, células inmunitarias y restos de células muertas.

FUNCIONES

La circulación linfática tiene tres funciones fundamentales que son:

· El mantenimiento del equilibrio interno de los líquidos.

· El transporte de sustancias metabólicas de gran tamaño.

· Forma parte del sistema inmunitario del organismo, conteniendo células muy importantes para su defensa y protección.

LOS PRINCIPIOS DEL DRENAJE LINFÁTICO MANUAL

· **La dirección:** La dirección de la fuerza aplicada será siempre desde las zonas más alejadas, hacia el centro del cuerpo. Sin embargo, comenzaremos vaciando las zonas más centrales para después empujar el líquido acumulado en las zonas más distantes.

· **El ritmo:** El ritmo general del masaje y de cada técnica es mucho más lento de lo habitual en el masaje terapéutico. Trataremos de adaptarnos al ritmo del flujo linfático superficial, cuyos vasos se contraen entre diez y 14 veces por minuto.

· **La presión:** La presión que ejerceremos con nuestras manos será similar a la de una caricia. Si medimos de forma precisa se considera una presión entre los 30 a 40 mmHg o Trr. Si aplicamos más fuerza, podemos cerrar el vaso linfático. Para saber si estamos haciendo excesiva presión debemos observar si aparece enrojecimiento de la piel.

· **Estimulación del sistema parasimpático:** El masaje de drenaje facilita la contracción de la musculatura lisa de los vasos linfáticos y tiene un importante efecto sedante. Para esto es fundamental seguir con precisión los principios de dirección, ritmo y presión.

· **No aplicación de lubricantes:** En este tipo de masaje nunca usaremos lubricantes de ningún tipo, para que haya una correcta sincronía de la piel con la piel.

· **No hablar en exceso:** Se recomienda no establecer mucha conversación durante la sesión de masaje de drenaje, para no interrumpir así los efectos vegetativos. Tenemos que recordar que los efectos de este masaje pueden influir sobre el sistema nervioso autónomo, incluso mucho tiempo después de finalizar la sesión. En realidad se piensa que con nuestras manos no «empujamos» directamente el líquido linfático, sino que estimulamos al sistema nervioso autónomo o vegetativo, que es el responsable a su vez de la regulación de la circulación del sistema linfático.

DESCRIPCIÓN DE LAS TÉCNICAS DE MASAJE ESPECÍFICAS

Todas las técnicas tienen tres fases de presión: primero habrá un contacto con la piel, segundo un aumento de presión suave, y tercero relajación y retorno del tejido a su posición inicial. La presión se ejercerá en movimiento circular y diferenciaremos los pasajes según la forma de la técnica para adaptarse a cada región del cuerpo.

CÍRCULOS FIJOS

Situaremos ambas manos juntas, apoyando toda la superficie de nuestros dedos largos y la palma abierta sobre la piel. Con un movimiento de presión circular en dirección al flujo linfático, drenaremos suavemente la linfa.

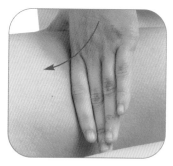 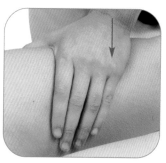

BOMBEOS

La superficie de contacto se localiza ahora entre los dedos pulgar e índice separados. Comenzaremos con un apoyo perpendicular a la piel, hasta friccionar suavemente con un movimiento de balanceo y tensar con la palma de manera paralela a la dirección del drenaje.

DADOR

La mano se encontrará girada hacia nosotros, al contrario que en los procedimientos anteriores. Situaremos la mano formando una cruz con el miembro que estamos drenando, y al entrar en contacto con la piel, aplicaremos un movimiento de rotación de la muñeca para situarnos paralelos. El límite del movimiento nos lo impondrá la flexibilidad del tejido.

CÍRCULOS CON LOS PULGARES

Situaremos ambos dedos pulgares sobre el vaso linfático. Comenzaremos moviendo un dedo perpendicularmente a la piel y al vaso, hasta volver a su posición inicial con un movimiento giratorio. Cuando lleguemos al límite elástico del tejido, será el turno del otro pulgar, siempre en dirección del drenaje de la linfa.

 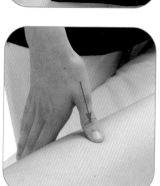 

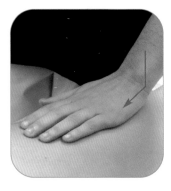

GIROS O ELEFANTES

Comenzaremos apoyando las puntas de los dedos largos, para después ir descendiendo la palma y la muñeca hasta apoyar por completo toda la superficie de la mano y tensar en dirección a la circulación linfática. Avanzaremos en dirección hacia Términus por el apoyo en el dedo pulgar en la fase de descompresión.

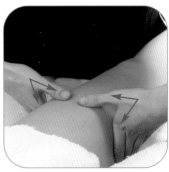
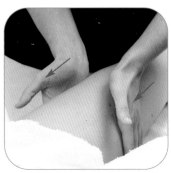

LLAMADA

Comenzaremos apoyando nuestras manos por el borde radial con el dedo gordo y el dedo índice separado. Situaremos una mano a cada lado del fragmento a drenar, de manera que lo abarquemos casi completamente. Presionaremos en dirección hacia abajo, mientras con un giro de muñeca deslizamos por toda la palma de la mano hasta quedar apoyado sobre el borde cubital o del dedo meñique contra la piel del sujeto. A continuación relajaremos la suave tensión en el límite de la piel, para que se restablezca a su posición inicial. A diferencia de otras técnicas de «empuje», la llamada pretende «vaciar» el camino previo de la linfa por lo que el desplazamiento de las manos será desde el punto más cercano a términus hacia el más lejano.

SECUENCIA DEL DRENAJE LINFÁTICO MANUAL

Para aplicar un masaje de drenaje tumbaremos a la persona relajada y cómoda en posición boca arriba. Nuestra posición variará dependiendo de la zona que estemos masajeando en cada momento.

Es importante conocer el mapa circulatorio del sistema linfático y la localización de los diferentes grupos ganglionares para facilitar la linfa en la dirección correcta.

No existen reglas fijas del número ideal de repeticiones, pero podemos aplicar alrededor de cinco a siete de cada técnica.

El Effleurage

El roce suave de effleurage o pasajes sedante-magnéticos es un toque básico en el drenaje linfático manual. Será la técnica con la que comenzaremos y finalizaremos el masaje de cualquier región. Como recordamos, consiste en un suave roce con las puntas de los dedos ligeramente separadas, que provoca una sensación muy especial, y que recorre toda la zona a masajear como preparación y toma de contacto.

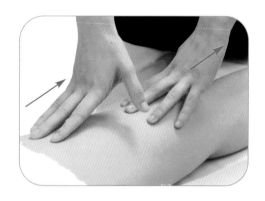

DRENAJE DE TÉRMINUS Y CUELLO

El drenaje de la región del cuello y términus es fundamental, ya que estas secuencias se aplicarán previamente al drenaje de cualquier región del cuerpo. En el cuello encontramos una importante concentración de ganglios linfáticos. La persona se situará tumbada boca arriba con el cuello apoyado en ligera extensión y relajado.

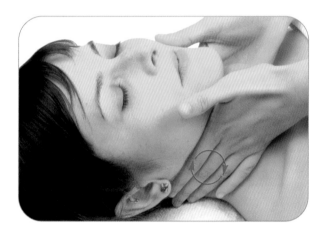

01. Círculos fijos en laterales del cuello

Aplicaremos las manos muy suavemente a cada lado del cuello, abarcando la mayor superficie posible. Los círculos se aplicarán en dirección hacia atrás y hacia arriba.

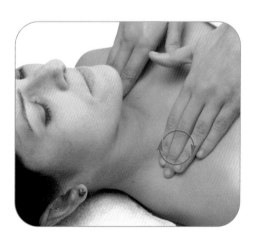

02. Círculos fijos en términus

Como se ha explicado anteriormente, términus se localiza en la unión de la vena yugular interna y subclavia. Para «palparlo» situaremos la mano inmediatamente por encima de la clavícula en su zona más cercana al cuello. El masaje se aplicará sobre ambos lados del cuerpo a la vez, aunque es importante saber que la mayor carga linfática recae sobre el términus del lado izquierdo. Aplicaremos círculos fijos con nuestros dedos largos extendidos y relajados sobre esta zona. El masaje de drenaje de esta zona se puede intercalar entre las diferentes técnicas de otras zonas, ya que aquí se localiza la zona de «desagüe».

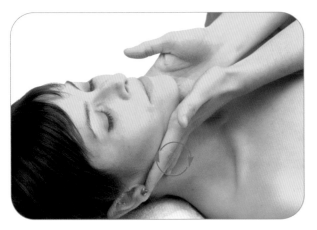

03. Círculos fijos en el suelo de la boca

Será el turno de la región mandibular baja, donde los círculos fijos se dirigirán hacia la garganta. Podemos situarnos a un lado de la camilla a la altura de los brazos de la persona que está recibiendo el masaje o también se puede aplicar desde la cabecera de la camilla. Aplicaremos el movimiento en ambos hemicuerpos con el uso simultáneo de ambas manos.

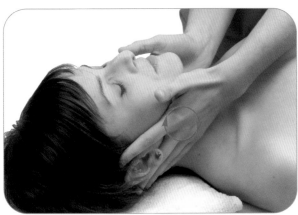

04. Círculos fijos en tijera con dedos índices por encima de las orejas y resto por debajo

Las manos se apoyarán a ambos lados de la cabeza, separando los dedos índices del resto de los dedos. Estos dedos índices quedarán por encima del pabellón auditivo, mientras que los otros tres lo harán por debajo. Aplicaremos los círculos fijos con esta posición de las manos y en dirección hacia términus.

05. Círculos fijos en el trapecio

La cadena ganglionar continúa ahora en dirección hacia los hombros. Comenzaremos primero por la región del músculo trapecio en su parte superior, siempre en dirección a términus. El uso de las manos será simultáneo también en esta técnica y en la siguiente, cada una sobre un hombro.

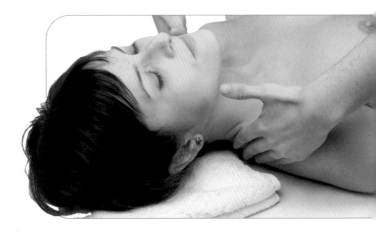

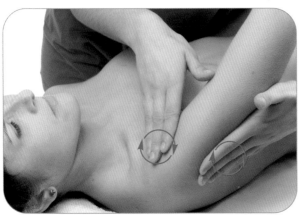

06. Círculos fijos en el deltoides

La región deltoidea cubre la cabeza del húmero en la articulación del hombro. Se considera la región más alejada de esta cadena ganglionar, por lo que será el último punto para facilitar de la linfa.

DRENAJE DE MIEMBROS SUPERIORES

La postura más idónea para drenar al miembro superior será con la persona tumbada boca arriba. Tomaremos su brazo entre nuestras manos cuando sea necesario o simplemente lo dejaremos descansar sobre la camilla.

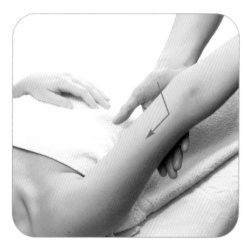

01. Dador por la parte posterior del brazo

El brazo que no participa en el masaje, abrazará y separará el miembro superior de la camilla desde el antebrazo. Comenzaremos formando una cruz entre el brazo de la persona y nuestra mano. Con un giro de muñeca, presionaremos suavemente la piel hasta el límite de su elasticidad hasta que al final del movimiento nuestra mano quede situada longitudinalmente al brazo. Repetiremos el movimiento desde la posición inicial varias veces, avanzando el punto de partida en cada una.

02. Elefantes en la cara anterior del brazo

Reposamos el brazo sobre la camilla. Comenzaremos sobre el apoyo de la punta de nuestros dedos largos perpendicularmente a la piel. Descenderemos hasta apoyar completa y suavemente la palma de la mano en la superficie del bíceps. Desplazaremos la piel en dirección hacia el hombro hasta su límite elástico y relajaremos.

03. Dador por la parte posterior del antebrazo

Para liberar la zona posterior del antebrazo tomaremos la mano de la persona y la separaremos de la camilla. La secuencia del masaje será similar a la aplicada en el brazo, comenzando en posición de cruz para después estirar la piel hasta su límite con un giro de muñeca.

04. Bombeo por la parte anterior del antebrazo

Para aplicar el bombeo colocaremos el antebrazo en la superficie de apoyo, evitando así que se mueva o que una mano tenga que fijarlo. Desde la posición perpendicular a la piel sobre el borde entre el dedo índice y pulgar separados, descenderemos hasta apoyar toda la palma de la mano sobre el antebrazo. El límite elástico de esta región se alcanzará mucho antes que en el brazo.

05. Círculos con pulgares en tres líneas en los dedos y el dorso de la mano

Abrazaremos la mano entre las nuestras y dibujaremos tres líneas imaginarias longitudinales: una central, otra que siga el eje del dedo índice y otra el del anular. Los pulgares trazarán presiones circulares que elongarán la piel en dirección hacia términus, mientras ascienden hasta la muñeca. Recorreremos tres veces cada línea.

06. Círculos con pulgares en tres líneas en los dedos y la palma de la mano

Repetiremos la misma secuencia anterior en las tres líneas imaginarias, pero esta vez sobre la piel de la palma de la mano.

07. Presiones de bombeo en la mano

Abarcaremos con nuestras manos toda la superficie posible de la mano de la persona, una por cada lateral. Aplicaremos una suave presión como si quisiésemos «aplastarla suavemente» en todos sus puntos por igual y a continuación relajaremos. Volvemos a apretar unos segundos y soltamos. Repetiremos diez veces de manera lenta y constante.

DRENAJE DE MIEMBROS INFERIORES

Tumbaremos a la persona boca arriba y para cambiar sus piernas de posición no le pediremos colaboración, sino que se las moveremos nosotros para no romper la actividad vegetativa del cuerpo que estamos estimulando.

01. Círculos fijos en la ingle

También se le conoce como «barca» ya que deslizaremos nuestros dedos largos y la palma de la mano sobre la cara interna del muslo en un movimiento de vaivén hacia arriba, casi oscilatorio. La pierna de la persona puede situarse estirada o flexionada, pero siempre ligeramente separada de la otra. La ingle es un importante territorio de ganglios linfáticos por donde comenzaremos a drenar el miembro inferior.

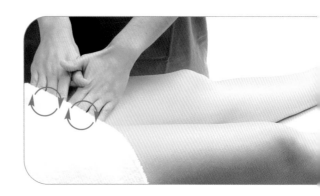

02. Bombeo en la cara interna del muslo

A continuación drenaremos la cara interna del muslo desde la rodilla hasta la ingle. Colocaremos las piernas de la persona en ligera flexión y separación, tocando planta con planta de los pies. Comenzaremos en el punto más alejado y en dirección hacia términus, deslizando la piel hasta su límite elástico. El apoyo perpendicular del borde del dedo índice y pulgar separados nos permite adaptarnos al contorno redondeado de la zona.

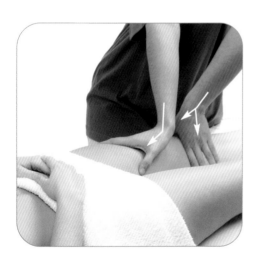

03. Llamada por encima de la rodilla

Este es uno de los lugares donde la técnica de llamada es más útil. Flexionaremos la pierna hasta conseguir el apoyo del pie en la camilla. El apoyo en la región baja del muslo comenzará por el borde del índice hasta rodar con un giro de muñeca al apoyo en el meñique. Descenderemos por la rodilla para comenzar la repetición siguiente en otro punto más distante.

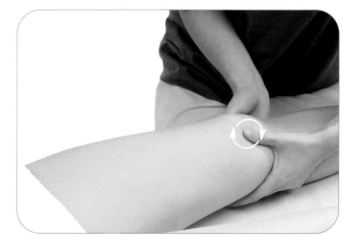

04. Bombeo desde la parte inferior de la rótula hasta medio muslo

La única precaución de esta técnica es no presionar fuertemente la rótula cuando apoyamos el borde radial sobre ella. Para poder aplicarla con comodidad, la pierna tiene que encontrarse completamente extendida sobre la superficie de apoyo. Su función será canalizar los vasos linfáticos de esta articulación.

05. Círculos alternos de pulgar rodeando la rótula

La pierna permanece estirada y apoyada ya que esta técnica comienza juntando ambos pulgares justo debajo de la rótula sin musculatura que la tense. A partir de este punto y con los movimientos circulares descritos para esta técnica, se separará cada pulgar por un lateral, para deslizarse por todo su perímetro. Los movimientos serán alternativos (ya que resulta muy difícil coordinar ambos pulgares al mismo tiempo) y volverán a unirse al mismo tiempo en la parte superior de la rótula.

06. Círculos fijos en hueco poplíteo

Como ya sabemos, el hueco poplíteo es una zona donde debemos ser precavidos, por lo que el drenaje de sus ganglios linfáticos se realizará desde sus laterales. De nuevo flexionaremos la pierna de la persona hasta el completo apoyo del pie. Apoyaremos los dedos largos de las manos a cada lado de la rodilla e imprimiremos un movimiento hacia arriba, como siempre limitado por la extensibilidad de la piel de la zona.

07. Llamada por debajo de la rodilla

La pierna permanece flexionada. Esta técnica ya descrita anteriormente se aplicará ahora en la parte superior de la pierna, sin llegar al hueco poplíteo ni a la rótula. Abarcaremos y nos adaptaremos a la forma cilíndrica de esta región con nuestro borde radial hacia el cubital.

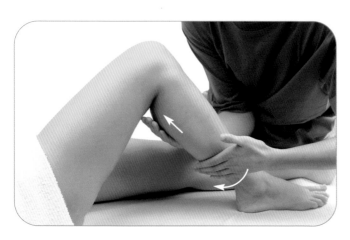

08. Dador en cara posterior de la pierna

Una vez más para poder dejar libre la zona gemelar podemos acunarla con la otra mano o mantener el apoyo del pie en la camilla con la rodilla flexionada. Formaremos una cruz entre nuestra mano y la pierna hasta el giro de muñeca que nos tensará la piel. Ascenderemos desde el tobillo hasta la parte posterior de la rodilla.

09. Llamada por encima del tobillo

Es el turno de drenar la articulación más distante. Comenzamos con este procedimiento de vaciado para continuar con el pie. Podemos utilizar un suave rodillo de toalla para separar esta zona de la superficie de apoyo y poder trabajar en toda su superficie.

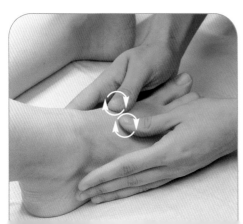

10. Círculos con pulgares en parte del dorso de tobillo y pie

Imaginaremos tres líneas trazadas entre los dedos de los pies sobre las que nos deslizaremos alternativamente con nuestros pulgares. Al igual que en las manos, repetiremos la secuencia de cada línea tres veces. Tomaremos el pie entre nuestras manos, a ser posible fuera de la camilla o ligeramente elevado.

¿CÓMO PODEMOS AYUDAR AL RETORNO VENOSO?

Sentarnos con los pies elevados: Podemos adaptar una silla de modo que tenga el respaldo ligeramente inclinado hacia atrás y elevar nuestros pies hasta la altura del corazón, ayudándonos de almohadones y otra silla. Los períodos en esta posición no deben ser largos.

Elevar la cama: El sueño nocturno nos permite adaptar una posición que favorece el retorno venoso durante un largo período de tiempo. Si elevamos con una cuña de aproximadamente seis centímetros los pies de la cama, conseguiremos facilitar aún más la circulación venosa.

Medias elásticas de presión progresiva: Siempre recomendadas por un especialista, este tipo de medias comprimen progresivamente cada vez más en las zonas alejadas. Consiguen así un efecto de masaje de presión y drenaje.

Baños de contraste: De manera casera, podemos utilizar recipientes con agua a diferentes temperaturas. También podemos utilizar la ducha, cambiando bruscamente del frío al calor, provocando contracción y relajación en el sistema arteriovenoso y consiguiendo con ello un efecto de bombeo.

Caminar: Intercalaremos los largos períodos parados de pie, con pequeños paseos para activar la bomba plantar.

Ejercicios de bombeo: Por medio de unos sencillos ejercicios que se mostrarán al final del capítulo, favoreceremos el retorno de la circulación venosa por la contracción muscular adecuada.

Masaje abdominal: El masaje abdominal descrito en su capítulo correspondiente puede facilitarnos el retorno sanguíneo por la activación de la bomba abdominal.

El masaje circulatorio venoso de miembros inferiores: Los principios más importantes del masaje venoso son:

· Seguir la dirección correcta, que será siempre hacia el corazón. Comenzaremos vaciando las zonas próximas (región del muslo) y posteriormente impulsaremos la sangre en las zonas más alejadas del corazón (región de la pierna y el pie).

· Las técnicas de masaje son más energéticas debido a que las venas se encuentran más profundas que los canales de circulación linfática.

TUMBADO BOCA ARRIBA CON LAS PIERNAS EXTENDIDAS

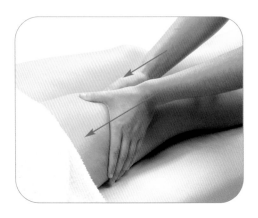

01. Compresión y roce profundo en pulsera del muslo

Situados por encima de la rodilla y evitando la rótula, empujaremos la sangre en dirección al corazón. Con ambas manos abarcaremos toda la circunferencia del muslo, uniendo los dedos pulgares en la zona delantera y los dedos largos enfrentados en la región posterior. A continuación ejerceremos fuerza para «estrujar» y comprimir en forma de pulsera, mientras nos deslizamos hacia arriba. La mano interna se frenará en la ingle y la mano externa llegará hasta la zona alta de la pelvis.

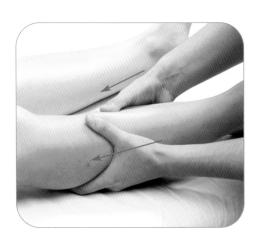

02. Compresión y roce profundo en pulsera de la pierna

La posición de las manos será la misma que en el pasaje anterior, con la diferencia de que se situarán por encima del tobillo. Por tanto, los dedos largos de nuestras manos se enfrentarán encima del tendón de Aquiles y de los músculos gemelos (región posterior de la pierna), mientras que los dedos pulgares lo harán por la cara anterior de la tibia y el tibial anterior. La compresión y el roce en dirección hacia arriba aumentarán progresivamente en los vientres musculares y cederá por completo al llegar a la rótula. El pulgar que se deslice por la cara interna de la tibia, no presionará sobre el hueso, tan solo lo hará el pulgar externo por encima del músculo tibial anterior.

03. Compresión y roce profundo en pulsera del pie

Una vez más tomaremos el pie de manera similar a los pasajes anteriores, con los pulgares enfrentados en el dorso del pie y los dedos largos en la región de la planta. Nuestras manos comenzarán su apoyo cercanas a los dedos del pie y ascenderán con intensa presión hasta el tobillo. Para poder realizar esta técnica sin que el pie se desplace, situaremos el pie flexionado a noventa grados e imprimiremos la fuerza hacia la camilla.

El masaje en las alteraciones circulatorias linfáticas y arteriovenosas

04. Masaje de la bomba plantar

Una mano será la encargada de fijar el pie desde el dorso mientras que con la otra masajeamos la planta. Con el talón de la mano aplicaremos un roce desde la zona de los dedos del pie hasta el talón. Realizaremos un roce profundo, de barrido, como si quisiésemos bombear toda la sangre en dirección al tobillo y la pierna. Cada vez que contactamos con la piel de la persona lo haremos de manera intensa, al igual que el pie se apoya en el suelo a cada paso que damos al caminar. La dirección del masaje será siempre la misma, y perderemos el contacto con el pie que estamos masajeando cada vez que retornemos al punto de partida.

05. Roces profundos, alternativos y continuos del muslo

A continuación aplicaremos roces rápidos primero con una mano y luego con la otra, alternando constantemente sin dejar prácticamente tiempo entre un pasaje y otro. Barreremos hacia arriba a gran velocidad, pero siempre presionando ligeramente la piel de la persona, ya que se trata de una técnica de rozamiento profundo. La colocación de las manos variará en dos posiciones diferentes:

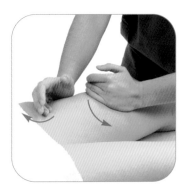

Presionando con el borde cubital de la mano, es decir sobre el lado del dedo meñique.

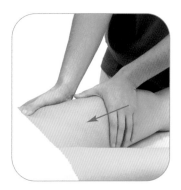

Sobre el borde radial, entre el dedo pulgar e índice separados.

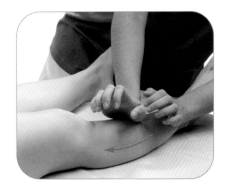

06. Roce con el talón de la mano en el tibial anterior

Apoyaremos el talón de nuestra mano dominante sobre la cara delantero-externa de la pierna, justo donde apreciemos que finaliza el reborde óseo de la tibia y empieza el vientre muscular del tibial anterior. Desde la zona alta del tobillo, ascenderemos por toda la pierna hasta la rodilla, donde perderemos el contacto con la piel de la persona que recibe el masaje para volver al punto de partida. La dirección será por tanto siempre hacia arriba.

07. Movilización activa del tobillo de bombeo

Elevaremos la pierna de la persona hasta apoyarlo en nuestro hombro, facilitando en esta posición el retorno venoso por la fuerza de la gravedad. A continuación solicitaremos una contracción activa de los músculos responsables del bombeo sanguíneo. Pediremos una «elevación y descenso rítmico de la punta del pie», de manera que se contraigan alternativamente el tibial anterior y el tríceps sural.

TUMBADO BOCA ARRIBA CON LA PIERNA FLEXIONADA Y EL PIE APOYADO

Para poder realizar las presiones de vaciado hacia arriba sin que el pie se eleve de su apoyo y que la persona que recibe el masaje tenga que contraer la musculatura para que no se deslice, nos sentaremos oblicua y suavemente sobre el pie. Nuestro peso hará el trabajo de estabilización, para que nuestras manos únicamente tengan que concentrarse en el masaje y la presión necesaria.

01. ROCE PROFUNDO DE LA CARA POSTERIOR DEL MUSLO

Comenzaremos aplicando el vaciaje en la región de los isquiotibiales, en dirección desde la corva hacia la cadera. La mano se situará cóncava y con el dedo índice el primero que presiona fuertemente para favorecer el impulso sanguíneo. Podemos aplicarlo de dos formas: alternando primero una mano y después la otra de manera continua o con ambas a la vez situando una delante de la otra.

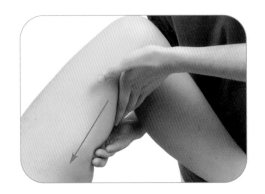

02. ROCE PROFUNDO DE LA CARA POSTERIOR DE LA PIERNA

La mano se aplicará cóncava para adaptarse a la superficie muscular del tríceps sural y con el dedo índice para iniciar la presión, como en el pasaje anterior. Las manos también podrán aplicarse de manera simultánea o alternativa, o combinar las dos dentro de la misma rutina.

03. ROCE PROFUNDO CON LOS DEDOS LARGOS

Apoyaremos a continuación ambas palmas de las manos en la región de la pierna, transversalmente a esta, de modo que se unan y se enfrenten uno a uno los dedos largos. Podemos incluso entrecruzarlos si nos resulta más sencillo. Ejerciendo una presión importante y en dirección hacia arriba, nos deslizaremos hasta la región glútea. Imaginaremos que estamos vaciando de sangre la pierna desde el tobillo hasta la cadera, adaptando nuestras manos a la forma de cada región. Cuando nos deslicemos por encima del hueco poplíteo o parte posterior de la rodilla, disminuiremos la presión hasta prácticamente un roce suave.

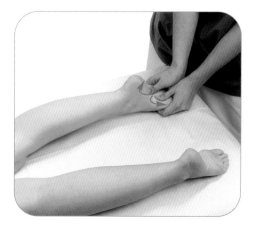

01. AMASAMIENTO CON LOS PULGARES EN LA ZONA DE LA BOMBA PLANTAR

Nuestros dedos largos de ambas manos abrazarán el dorso del pie para evitar que se mueva mientras los dedos pulgares quedan libres sobre la región de la planta. Comenzaremos en la base de los dedos aplicando un amasamiento circular alternativo con estos dedos. Imprimiremos al amasamiento una fuerza profunda de bombeo a cada pasaje, mientras nos desplazamos hasta el talón. Cuando hemos recorrido toda la planta podemos repetir varias veces de nuevo, siempre volviendo al mismo punto de partida y bombeando la sangre únicamente en dirección hacia el tobillo.

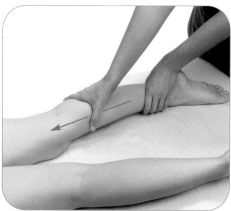

02. PRESIÓN CON UNA MANO FIJA POR LA CARA POSTERIOR DEL MIEMBRO INFERIOR

Una mano permanecerá de punto de referencia, presionando en la zona posterior del tobillo. A continuación la otra mano se deslizará por la cara posterior de la pierna hasta la rodilla, aplicando un roce profundo con el lateral formado por el dedo índice y pulgar separados. Cuando hayamos recorrido este tramo, la mano fija tomará un nuevo punto de anclaje por encima de la rodilla donde volverá a presionar, mientras la otra mano realiza un vaciado de la parte posterior del muslo. Por último será el turno del glúteo y la región lateral de la pelvis, siguiendo la misma técnica.

03. ROCES PROFUNDOS ALTERNATIVOS Y CONTINUOS

Presionaremos con las palmas abiertas la zona baja de la pierna, colocando una mano delante de la otra. Comenzaremos el deslizamiento de ambas al mismo tiempo, aplicando la fuerza de nuestro peso corporal contra la superficie de apoyo. Ascenderemos por toda la pierna hasta el glúteo, reduciendo la presión hasta una suave caricia únicamente en la parte posterior de la rodilla o hueco poplíteo.

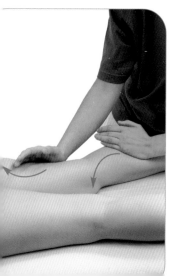

04. «BARRIDO» GLOBAL CON AMBAS MANOS

Al igual que ya aplicamos en la cara delantera del miembro inferior, pero esta vez recorreremos toda su longitud, desde el tobillo pasando por los músculos gemelos y parte posterior del muslo hasta la región glútea. Recordamos ambas formas de presión y colocación de las manos:

• Sobre el borde cubital o del meñique.
• Con el borde radial entre el dedo pulgar e índice separados.

La velocidad de ejecución será alta, alternando una mano y la otra sin apenas percibir el inicio y el fin de cada pasaje. Se trata de un movimiento rápido, cíclico y constante.

01. POSICIÓN PARA FAVORECER EL RETORNO VENOSO

Con el objetivo de potenciar los efectos conseguidos con el masaje, lo ideal es que la persona no se siente o se ponga de pie inmediatamente. Le aconsejaremos permanecer tumbado boca arriba con los pies elevados. Para no presionar las venas e impedir la circulación sanguínea lo mejor será colocar unos rodillos hechos de toallas en la zona posterior de la pierna y tobillo. De esta manera repartiremos el peso y la presión en distintos y suaves puntos de apoyo. Mantendremos la posición un mínimo de diez minutos.

EJERCICIOS ACTIVOS DE PREVENCIÓN Y MEJORA DEL RETORNO VENOSO

Como ya hemos visto, la contracción muscular es uno de los factores principales para impulsar la sangre hacia el corazón. A continuación se muestran unos ejercicios circulatorios muy sencillos y prácticos.

• Movimiento de los pies con las puntas hacia abajo y hacia arriba, pudiéndolos realizar de pie, sentados o tumbados.

• Ponernos de «puntillas» alternativamente sobre cada pie, para estimular la bomba plantar y la contracción del tríceps sural al mismo tiempo.

• Círculos con los pies hacia un sentido y hacia el otro.

• Flexión y extensión de la rodilla cuando estamos sentados.

• Pataleo de piernas en el agua.

• Llevar brazos en cruz y luego juntar las palmas por encima de la cabeza con los codos estirados.

• Flexión y extensión de muñecas.

• Juntar y separar dedos.

• Ejercicios respiratorios.

09 EL MASAJE TERAPÉUTICO EN EL DEPORTE

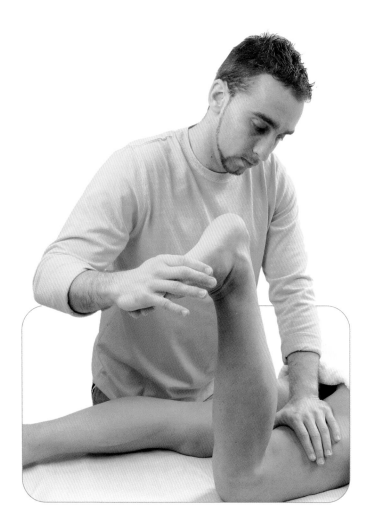

EL DEPORTISTA POSEE UNAS CARACTERÍSTICAS MUY DIFERENTES A LA POBLACIÓN NORMAL, POR LO QUE EL MASAJE DEBERÁ ADAPTARSE FIELMENTE A SUS NECESIDADES. ESTE CAPÍTULO PRETENDE REFLEJAR LOS DIFERENTES ENFOQUES DEL MASAJE SEGÚN LOS REQUERIMIENTOS DE CADA MOMENTO Y DEPORTISTA INDIVIDUAL. EN PRIMER LUGAR SE DESARROLLARÁN LAS DIFERENCIAS ENTRE EL MASAJE PRECOMPETICIÓN Y POSTCOMPETICIÓN. EN SEGUNDO LUGAR SE DESARROLLARÁN LAS ALTERACIONES MÁS COMUNES QUE SE PUEDEN SUFRIR CON LA PRÁCTICA DEPORTIVA, ASOCIADO A LA ACTIVIDAD QUE CON MÁS FRECUENCIA LA PRODUCE, AUNQUE NO SEA LA ÚNICA.

PARA POTENCIAR LOS EFECTOS DEL MASAJE Y PREVENIR DOLENCIAS, HAY QUE CALENTAR Y ESTIRAR SIEMPRE ANTES Y DESPUÉS DE CUALQUIER ACTIVIDAD FÍSICA INTENSA.

MASAJE ANTES DE LA COMPETICIÓN O ENTRENAMIENTO

El masaje previo a cualquier actividad física tiene como objetivo preparar el organismo, en especial la musculatura para un esfuerzo superior al habitual. Por lo tanto tiene que ser muy intenso, con toques rápidos y aplicado durante poco tiempo y con repeticiones. Usaremos muchas técnicas de percusión y pasajes vigorosos para que aumente la temperatura y el riego sanguíneo de la zona. Activaremos el músculo para mejorar su rendimiento ante una demanda física mayor y retrasaremos la aparición de la fatiga, sin llegar a relajarlo en exceso ya que perdería así su tono basal.

El calentamiento regional que produce el masaje también facilitará la preparación articular. Por último, y no menos importante, el masaje precompetición estimulará el sistema nervioso, mejorando su rendimiento en la actividad física.

Acompañado de un correcto calentamiento corporal previo, el masaje es una herramienta muy útil en la prevención de lesiones deportivas y los espasmos musculares.

El tiempo de aplicación será breve y la intensidad del masaje alta. Nunca nos excederemos de cinco a diez minutos para un masaje corporal global.

SECUENCIA DEL MASAJE DE PRECOMPETICIÓN GENERAL

Comenzaremos el masaje con el deportista tumbado boca arriba e intentaremos cambiarle de posición lo menos posible para no producir interrupciones en el masaje. Además esto nos produciría una pérdida de tiempo innecesario, que suele ser apreciado valiosamente en las competiciones, sobre todo si se trata de un equipo de deportistas amplio. Cada secuencia no llegará al medio minuto de duración, para no superar el tiempo máximo de aplicación. La experiencia nos ayudará a cambiar de una técnica a otra de forma rápida y vigorosa.

TUMBADO BOCA ARRIBA

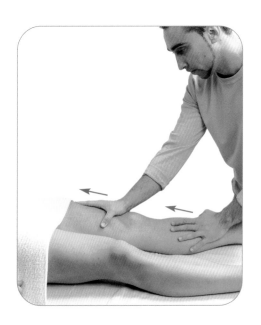

01. Rozamiento intenso global de la cara anterior de la pierna
Comenzaremos el masaje situados en el mismo lado de la pierna que vamos a trabajar y a la altura del pie del deportista. Éste se encontrará con las piernas estiradas por completo. Con ambas manos y de forma alternativa recorreremos la piel de toda la cara anterior del miembro inferior, comenzando en el dorso y planta del pie hasta la cadera. Toda la palma de nuestra mano estará en contacto, adaptándose a cada forma y presionando con fuerza para ceder los tejidos debajo de ella. Comenzaremos con una intensidad moderada para ir aumentando progresivamente tanto la fuerza como la velocidad de la aplicación. Nos mantendremos unos segundos sobre una pierna, para a continuación pasar a la otra repitiendo la misma secuencia.

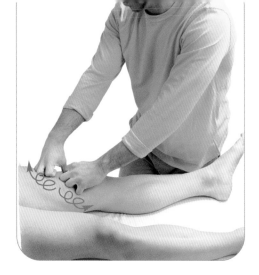

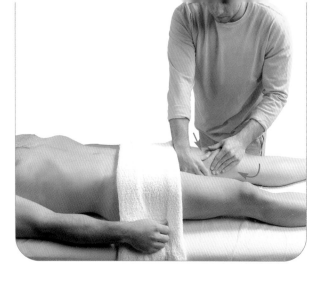

02. Amasamiento nudillar del muslo

Los nudillos de los dedos largos flexionados amasarán la zona, situándose ambas manos en su cara delantera, o una a cada lado del muslo. Aplicaremos fuertes y rápidos movimientos circulares, ascendiendo desde la parte superior de la rodilla hasta la cadera y la ingle.

03. Amasamiento digitopalmar de la cara delantera, interna y externa del muslo

Sin detenernos de manera minuciosa, debemos abarcar todo el muslo. De manera global abarcaremos los músculos cuadríceps y abductores respectivamente. El objetivo será un fuerte aumento del riego sanguíneo en la zona, preparación de la zona y rápida reducción de las contracturas.

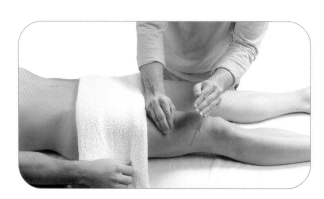

04. Percusión en palmada cóncava del muslo

La percusión en el masaje precompetición será rápida e intensa. Con las manos en forma ahuecada, golpearemos con la región palmar sin olvidarnos ninguna zona del muslo. El ruido que provocamos debe ser «sordo» y hueco, y no como si fuese una palmada.

A continuación flexionaremos la rodilla del deportista, apoyando su pie sobre la camilla, permitiéndonos masajear la zona posterior del miembro inferior. Para que el deportista pueda estar relajado sin que se deslice la pierna, nosotros nos sentaremos sobre el pie y fijaremos la pierna con nuestras manos.

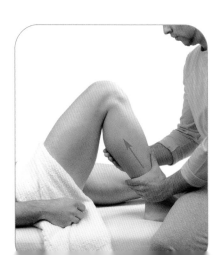

05. Rozamiento intenso de la cara posterior de la pierna

La posición de la mano será curva para adaptarse a la superficie muscular y presionando sobre la palma, especialmente con el borde del dedo índice. La dirección del masaje será desde el tobillo hacia la rodilla, desplazando alternativamente ambas manos. La velocidad de ejecución será alta y la intensidad suficiente para activar la zona.

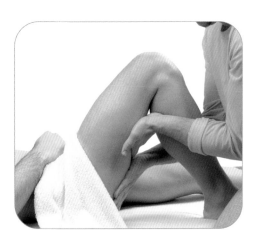

06. ROZAMIENTO INTENSO DE LA CARA POSTERIOR DEL MUSLO

La colocación de las manos será similar al pasaje anterior, salvo que el apoyo será más plano, debido a que esta zona es más difícil de abarcar con las manos completamente. El dedo que primero se desliza será el borde del índice.

07. PERCUSIÓN DEL MÚSCULO TRÍCEPS SURAL CON PELLIZCO

Aplicaremos una mano por cada lado de los músculos gemelos. De forma alternativa pellizcaremos el vientre muscular, formando una pinza entre nuestro dedo pulgar en oposición al resto de los dedos.

Al tomar el músculo no lo haremos suavemente, sino con una percusión, y una vez tensado el tejido, lo estiraremos y soltaremos de forma repentina. Cuando una mano golpea sobre un gemelo, la otra tensa del otro de la misma pierna. También podemos aplicar la palmada cóncava para percutir sobre esta zona.

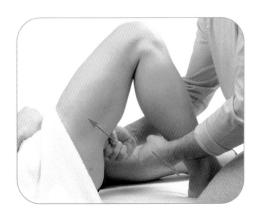

08. PERCUSIÓN DE LA CARA POSTERIOR DEL MUSLO CON PUÑO

La mejor manera de acceder y percutir sobre los músculos isquiotibiales en esta posición será con la mano cerrada en posición de puño. Alternaremos una y otra mano, haciendo vibrar prácticamente toda la pierna relajada.

Será el turno a continuación de la parte anterior del tronco y miembros superiores:

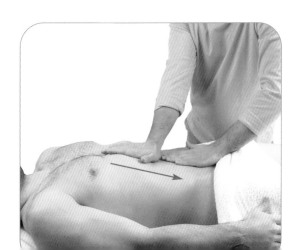

09. ROZAMIENTO VIGOROSO DESDE EL ESTERNÓN HACIA EL PUBIS

Alternativamente descenderemos nuestras manos por el abdomen, trazando diversas líneas longitudinales. Utilizaremos para ello toda la palma de la mano abierta y relajada. En esta región no imprimiremos fuerte presión ni percusión al entrar en contacto con la piel del deportista.

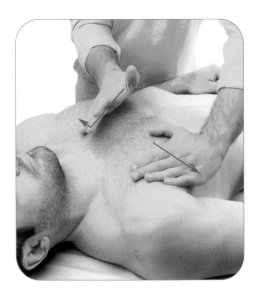

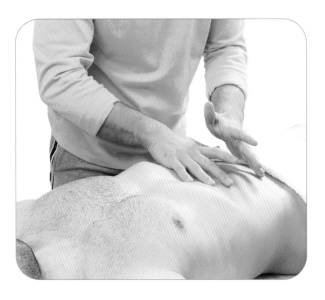

10. Rozamiento con estiramiento pectoral alternativo

Cada mano estirará las fibras musculares mientras se desliza por su pectoral correspondiente desde el centro del pecho en dirección al brazo. Cuando una mano haya recorrido toda su superficie será el turno de la otra mano en el pectoral contrario. Repetiremos varias veces la secuencia.

11. Percusión con tecleteo abdominal

Nuestros dedos recorrerán toda la superficie de la musculatura abdominal, tanto del recto del abdomen como de los oblicuos. Con esta suave percusión pretendemos activar y facilitar la contracción de las fibras musculares, sin presionar sobre las vísceras que protegen.

12. Rozamiento intenso global de la cara anterior del miembro superior

Situaremos todo el brazo de la persona contra la superficie de apoyo, con su palma de la mano hacia arriba. Recorreremos la mano, antebrazo, brazo y hombro para a continuación descender con el mismo masaje de roce. La posición de las manos variará para adaptarnos a cada relieve, pero la superficie cutánea de contacto será la palma de la mano

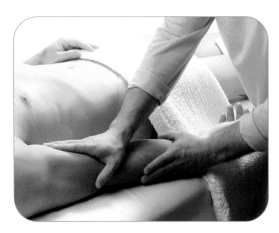

13. Rozamiento intenso global de la cara posterior del miembro superior

Para dejar libre y poder masajear esta región de piel, tomaremos el brazo entre nuestras manos y lo elevaremos de la superficie de apoyo. También aplicaremos el masaje de roce en ambas direcciones, hacia arriba y hacia abajo, recorriendo toda la superficie posterior del brazo. Para que nos resulte menos dificultoso, alternaremos el movimiento de nuestras manos, permaneciendo una fija para elevar el brazo y la otra masajeando, cambiando a la secuencia siguiente.

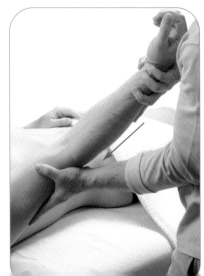

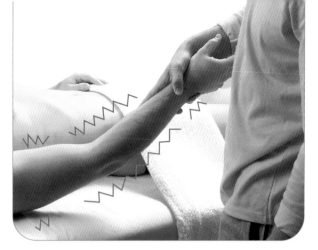

14. Sacudidas del miembro superior con toma en la articulación de la muñeca

Evitaremos que la articulación de la muñeca se resienta, fijando bien su movimiento con nuestras manos a sus dos laterales. A partir de este momento, aplicaremos movimientos ondulatorios de sacudida que repercutan en toda la musculatura del miembro superior.

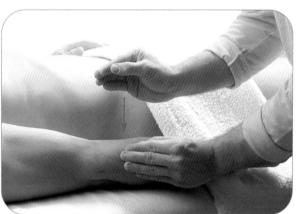

15. Percusión general del miembro superior con palmada cóncava

Para percutir la cara anterior podemos mantener el brazo apoyado en la camilla y para la región posterior lo separaremos de la superficie de apoyo tomándolo con nuestra mano libre. La palma de la mano en forma de cuenco, producirá un sonido hueco sobre la musculatura que estamos activando. Recorreremos el miembro superior desde la muñeca hasta el hombro y posteriormente en dirección descendente.

TUMBADO BOCA ABAJO

Para finalizar, el sujeto se tumbará boca abajo en la camilla para poder acceder y preparar la musculatura de la espalda. Si queda tiempo también podemos aplicar algunas técnicas preparatorias de las vistas anteriormente sobre la región posterior de los miembros inferiores y superiores.

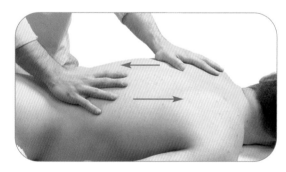
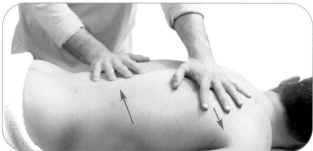

16. Roce intenso global de la espalda

Cubriendo toda la superficie cutánea de la espalda en diferentes direcciones: de arriba hacia abajo, desde abajo hacia arriba, transversalmente desde la columna hacia los laterales y viceversa. La manos generarán fuerzas de tracción, cizallamiento y compresión en movimientos alternativos o aplicados al mismo tiempo. No podemos olvidar la región glútea, muy difícil de alcanzar desde otras posiciones.

17. Percusión cachete cubital global de toda la espalda

Esta técnica de percusión es la más utilizada con fines activadores. Prestaremos especial atención para no golpear sobre las apófisis espinosas de las vértebras, mientras abarcamos la mayor superficie posible. Las direcciones de desplazamiento de las manos serán tanto longitudinal como transversalmente.

MASAJE POSTERIOR A LA COMPETICIÓN O ENTRENAMIENTO

El objetivo del masaje aplicado después del ejercicio será drenar rápidamente las sustancias de desecho generadas por el gran esfuerzo al que hemos sometido a los tejidos. Con el masaje estiraremos las fibras con nuestras manos, como si de una esponja se tratase, mejorando la eliminación del cuerpo de las sustancias nocivas, a la vez que facilitamos la llegada de oxígeno y nutrientes a las células, necesarios en el proceso de recuperación. Neutralizaremos por tanto la acidez metabólica que ha producido el ejercicio, al eliminar el ácido láctico.

El masaje ideal para el «dolor de agujetas» es el drenaje linfático manual descrito en capítulos anteriores, ya que ayuda a eliminar sustancias de desecho generadas con el ejercicio como el ácido láctico o las derivadas de las microrroturas musculares, facilitando su recuperación y cicatrización. Un masaje intenso estaría contraindicado porque podría facilitar una mayor número de microrroturas de las fibras.

TUMBADO BOCA ARRIBA

La persona se encontrará tumbada con las piernas estiradas y nosotros nos situaremos en el lado de la camilla del hemicuerpo que estamos masajeando.

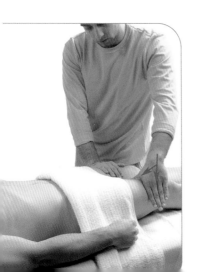

01. Bombeo de la cara anterior del miembro inferior

Comenzaremos con el apoyo perpendicular a la pierna, sobre el borde radial de la mano, entre el dedo índice y pulgar separados. Con un giro de muñeca, desplazaremos la mano sobre este punto de apoyo hasta entrar en contacto con toda la palma de la mano con la piel del deportista. El bombeo se aplicará hasta el límite elástico de la piel, siempre con una presión muy suave. Cada pasaje de bombeo avanzaremos un poco el punto de partida. Comenzaremos en el dorso del pie y ascenderemos centímetro a centímetro por toda la pierna, hasta la ingle.

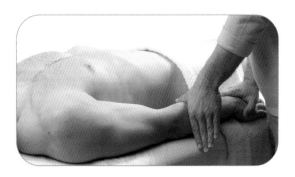

02. BOMBEO DE LA CARA ANTERIOR DEL MIEMBRO SUPERIOR

El miembro superior quedará apoyado y relajado sobre la camilla, con la palma de la mano hacia arriba. La técnica será la misma que en el pasaje anterior, adaptándonos a la superficie de cada región. Comenzaremos con el bombeo de la palma de la mano hasta el hombro.

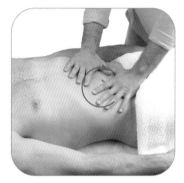

03. ROZAMIENTO CIRCULAR ABDOMINAL

Con ambas manos y de forma alternativa, describiremos círculos en el abdomen. La dirección será en el sentido de las agujas del reloj, al igual que el tránsito intestinal, como ya sabemos. Utilizaremos para ello toda la palma de nuestra mano abierta y relajada, sin presionar en exceso. Se trata de un masaje de roce superficial, sin presión directa sobre las vísceras. El objetivo de este masaje es relajar la musculatura abdominal después del esfuerzo, así como estimular la bomba circulatoria abdominal y la actividad visceral vegetativa, necesaria para la recuperación del organismo.

TUMBADO BOCA ABAJO

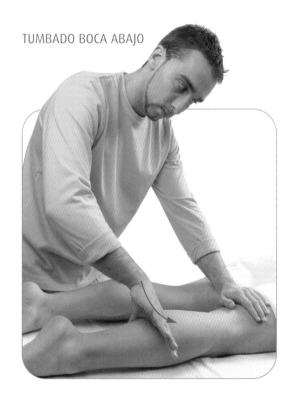

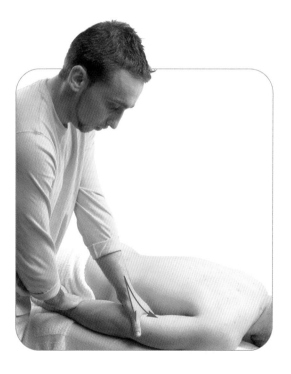

04. BOMBEO DE LA CARA POSTERIOR DEL MIEMBRO INFERIOR

La única peculiaridad de esta región respecto a las anteriores, es que en el hueco poplíteo insistiremos en sus laterales.

05. BOMBEO DE LA CARA POSTERIOR DEL MIEMBRO SUPERIOR

El brazo permanecerá en todo momento relajado sobre la superficie de apoyo, con la palma de la mano apoyada hacia abajo. La técnica de bombeo se aplicará de igual forma que en las secuencias anteriores, sin especificación propia.

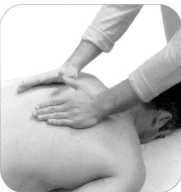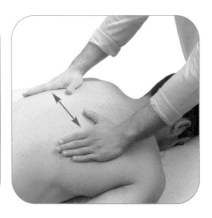

06. Técnica de vaciado de la espalda

Comenzaremos en la parte alta de la columna, situándonos a la cabecera de la camilla. Aplicaremos ambas manos sobre sus bordes cubitales o del dedo meñique a cada lado de la columna. De este modo se situarán perpendiculares a la superficie cutánea, hasta que comiencen a deslizarse hacia los laterales finalizando con el apoyo completo de la palma de la mano. Será entonces cuando se complete el vaciado hasta los hombros y brazos. La siguiente secuencia tendrá la misma forma, pero se aplicará un pequeño segmento más abajo en la columna. De esta manera llegaremos a alcanzar la región lumbar y sacra.

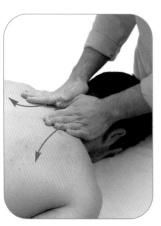

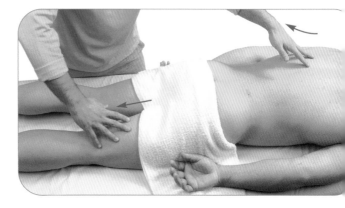

07. Roce superficial por toda la espalda

En la zona cervical y dorsal alta, la dirección del masaje será hacia abajo, es decir, bombeando la sangre hacia el corazón. Por el contrario en la región lumbar y dorsal baja, el rozamiento se aplicará hacia arriba. Para la primera secuencia nos situaremos en la cabecera de la camilla y para la segunda, a uno de sus laterales. La presión será suave y siguiendo la dirección de las principales fibras musculares superficiales: el trapecio superior y medio y el dorsal ancho.

08. Effleurage en la espalda y miembros

Finalizaremos el masaje postcompetición con una técnica que prepare al deportista para la pérdida de contacto. Tendremos en cuenta que el organismo ha cambiado su metabolismo desde la fuerte actividad física, al descenso del masaje y ahora a la normalidad. Nuestras puntas de los dedos largos de ambas manos rozarán muy suavemente toda la superficie posible de la espalda, brazos y piernas. La dirección será desde arriba hacia abajo, e iremos descendiendo la presión hasta crear un roce casi imperceptible. Debido a la sensación que provoca esta técnica también se la conoce como «pasajes sedantes magnéticos».

ZONAS DE SOBRECARGA SEGÚN EL DEPORTE PRACTICADO

Tenis: Codo y espalda

Golf: Espalda, hombro y codo.

Baloncesto: Rodilla y dedos de las manos.

Gimnasia: Rodillas, tobillos, muñecas, codos y hombro.

Voleibol: Rodilla, muñecas y manos.

Fútbol: Rodilla, tobillo y pelvis.

Ciclismo: Espalda, rodilla y antebrazo.

Corredor: Talón, rodilla, tobillo y pelvis.

Natación: Hombro.

Las dolencias y lesiones en el deporte se producen por dos tipos de mecanismos generales: el traumatismo o la sobrecarga. La diferencia entre uno y otro es el tiempo que se necesita para producir la dolencia, ya que en el traumatismo habrá una lesión directa de la zona y en la sobrecarga la lesión se irá provocando poco a poco en el tiempo. Cuando sufrimos un «accidente» brusco nos damos cuenta en seguida de que hay lesión por los síntomas inflamatorios y por la imposibilidad funcional que notamos en la zona. Sin embargo, la sobrecarga de una zona no nos hace presagiar la posible lesión que ya se está generando hasta un tiempo determinado, en el que aparece el dolor. La inflamación suele ser más discreta en este caso, pero es el dolor el que nos imposibilita una función normal de la zona. El gesto deportivo que ha sobrecargado la estructura será el que desencadene el dolor en mayor medida.

Consideramos en ambos casos como período agudo los días posteriores al desencadenamiento de la dolencia. Durante este período no debemos aplicar masaje, ya que el objetivo fundamental de este período será la reducción de la inflamación y el descanso relativo. El tiempo de duración variará según la región lesionada y el tipo de lesión, y ha de ser determinado por un especialista.

TRAUMATISMOS AGUDOS EN EL DEPORTE

La primera acción que debemos realizar es aplicar hielo durante aproximadamente entre diez y 15 minutos. El futuro de la lesión dependerá del control de la inflamación en los primeros momentos. La inflamación es necesaria para la recuperación del tejido pero si se perpetua innecesariamente puede retardarla. Nunca aplicaremos un masaje en esta situación.

Su nombre técnico es epicondilitis y consiste en una inflamación y degeneración de los tendones extensores de la muñeca y los dedos, en su inserción próxima al codo. Lo suelen causar los ejercicios repetitivos y de tensión máxima en este punto, como sucede al golpear la pelota con la raqueta.

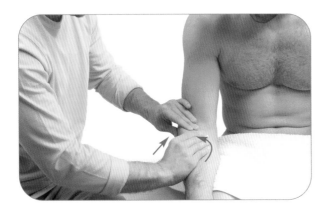

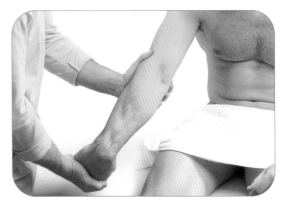

01. AMASAMIENTO DIGITOPALMAR DEL VIENTRE MUSCULAR Y LA INSERCIÓN

La inserción de estos músculos tiene lugar en el epicóndilo, situado en la cara exterior del codo (con la palma hacia arriba, el mismo lado que el dedo pulgar). Abarcando toda la musculatura de la región exterior del antebrazo, desde la muñeca hasta el codo imprimiremos fuerzas de cizallamiento. Con los dedos largos de una mano tomaremos la masa muscular, mientras que con el dedo pulgar de la otra la cizallaremos. Al tratarse de una zona cilíndrica no muy gruesa, no utilizaremos en exceso la palma de la mano. Conseguir relajar la tensión de esta musculatura es fundamental para liberar la dolencia.

02. ESTIRAMIENTO DE LOS MÚSCULOS EXTENSORES

Los extensores situados en la zona del antebrazo se estiran poniendo los dedos y la muñeca flexionados. Con la ayuda de nuestra mano, forzaremos suavemente la postura según la tolerancia de cada persona.

Su nombre técnico es epitrocleitis y el responsable de esta dolencia es la inflamación y degeneración del tendón de los músculos flexores de la muñeca y los dedos. Su causa tiene origen en movimientos repetitivos de sobrecarga en la zona.

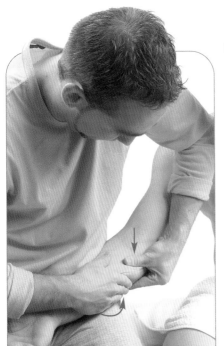

01. AMASAMIENTO DIGITOPALMAR DE LA INSERCIÓN

Comenzaremos con un amasamiento entre los dedos largos de una mano y el pulgar de la otra en un movimiento cizallante. Esta vez será el turno de la región interna del antebrazo (colocando la palma de la mano hacia arriba, el mismo lado que el dedo meñique). Nos desplazaremos para abarcar desde la región de la muñeca hasta el codo, donde se encuentra la inserción en la epitróclea. La tensión en esta zona será el origen de la zona dolorosa puntual y fácilmente localizable por el deportista.

El masaje terapéutico en el deporte

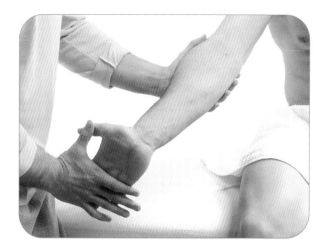

02. Estiramiento de los músculos flexores

Los músculos flexores situados en la zona del antebrazo se estiran colocando la muñeca, los dedos y el codo en extensión. Con la ayuda de nuestras manos colocadas en los dedos y el codo ayudaremos a intensificar más la sensación de estiramiento.

LA MUÑECA «ABIERTA»

El objetivo del masaje en este tipo de dolencia es facilitar y mejorar la posterior potenciación de la musculatura que refuerza la muñeca. Para reducir el dolor y evitar el aumento excesivo de la movilidad de la muñeca, podemos ayudarnos de un sencillo truco: uniremos con una fina tira de esparadrapo dos de nuestros dedos largos centrales. De esta manera limitamos el recorrido de los músculos extensores de la muñeca.

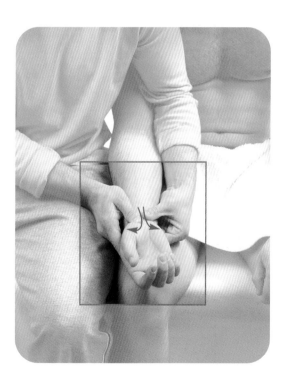

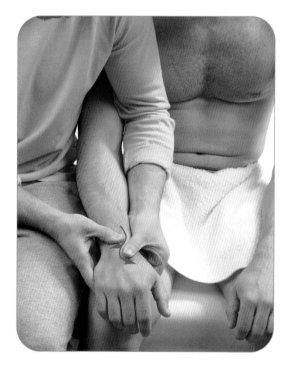

01. Amasamiento con los pulgares de los tendones distales

Después del período agudo aplicaremos un sencillo amasamiento circular sobre los tendones de los músculos flexores y extensores de la muñeca y dedos. Alternaremos ambos pulgares, primero sobre la cara palmar de la muñeca y posteriormente sobre la cara dorsal. Para ello tomaremos la mano del deportista entre las nuestras, estabilizando sus dedos y dejando libre la región de la muñeca, pudiendo girar la mano libremente cuando lo deseemos.

La pubalgia es un dolor en la región del pubis. Su origen puede deberse a una alteración en la inserción de los músculos abductores de las piernas, los abdominales o en la propia sínfisis púbica. Lo más común es encontrar un aumento de la tensión en la inserción de los abductores a nivel del pubis, situado en la pelvis. Nuestro masaje estará orientado a este caso.

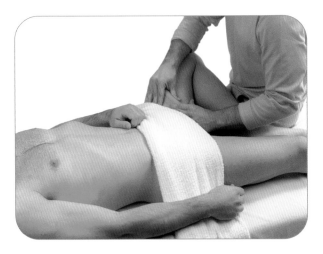

01. Amasamiento digitopalmar de los músculos abductores

El vientre muscular de estos músculos se sitúa en la cara interna del muslo, como recordaremos. El movimiento de nuestras manos se realizará transversal, cizallando la masa muscular que los dedos largos de una mano abarcan, con el dedo pulgar de la otra mano. Repetiremos esta secuencia de forma alternativa, ascendiendo y descendiendo por la cara interna del muslo, pero insistiendo en su zona cercana a la ingle.

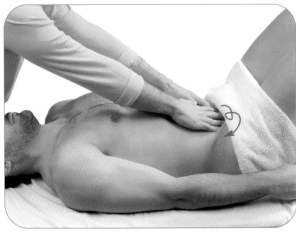

02. Amasamiento digital de la región abdominal baja-pubis

Para normalizar las tensiones a este nivel, también será necesario conocer el estado de tensión de la musculatura del recto abdominal. Con el movimiento circular de los cuatro dedos largos, descenderemos por la región abdominal baja hasta llegar al pubis, donde insistiremos en el amasamiento.

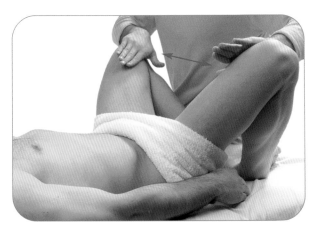

03. Estiramiento de abductores

El deportista se encontrará tumbado boca arriba en la camilla o suelo y le pediremos que junte las plantas de los pies, con las rodillas flexionadas. Con la ayuda de nuestras manos, separaremos ambas rodillas dirigiéndolas hacia los laterales, separando las piernas. El límite de tensión lo marcará el deportista, dependiendo de la flexibilidad de base que tenga.

El masaje terapéutico en el deporte

137

TENDINITIS DE LA PATA DE GANSO SUPERFICIAL

Se conoce con el nombre de pata de ganso superficial a la zona de inserción de los músculos: semitendinoso, sartorio y recto interno. Esta inserción se encuentra en la cara interna y posterior de la rodilla. Su sobrecarga se puede producir por deportes y actividades de marcha o carrera, así como también es muy frecuente encontrarla en personas mayores.

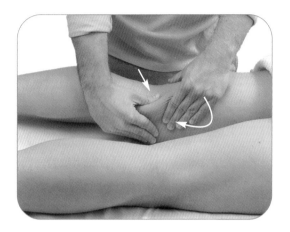

01. AMASAMIENTO DIGITOPALMAR DE LA PATA DE GANSO SUPERFICIAL

Nos concentraremos en amasar los músculos de la región posterior e interna del muslo, en su región más baja y cercana a la rodilla. Apreciaremos una región bastante musculosa, sobre la que crearemos los movimientos de cizallamiento alternativos con las dos manos. Prestaremos especial atención para no masajear en la zona del hueco poplíteo o corva.

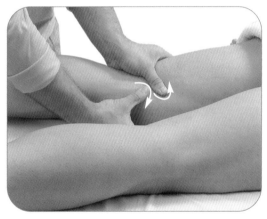

02. AMASAMIENTO CON LOS PULGARES DE LA PATA DE GANSO SUPERFICIAL

A continuación amasaremos de forma más puntual toda la inserción, con los movimientos circulares alternativos aplicados con los pulgares de ambas manos. Los dirigiremos en todas direcciones, hacia arriba, abajo o transversalmente con el objetivo de reducir la tensión a la que someten el hueso.

CALAMBRE DE LOS GEMELOS

Es una de las dolencias más típicas que puede sufrir un deportista, sobre todo en las actividades que someten a especial tensión los miembros inferiores, como los saltadores o corredores. Sus causas pueden ser muchas, como la falta de calentamiento y estiramiento previo al ejercicio, la falta de preparación física adecuada y regular, la carencia de algunos iones como el potasio o los movimientos bruscos. El objetivo común del masaje en todas estas causas será relajar la contractura del gemelo y mantenerlo flexible.

Comenzaremos tumbando al deportista boca arriba y con la pierna flexionada mientras apoya el pie en la camilla.

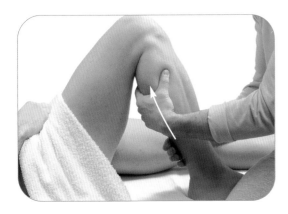

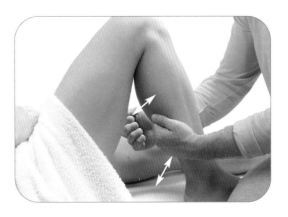

01. AMASAMIENTO PARA REDUCIR LAS CONTRACTURAS DEL TRÍCEPS SURAL

Alternaremos ambas manos, deslizándose por la cara posterior de la pierna. Tomarán y comprimirán el vientre muscular para después estirarlo hacia cada uno de los laterales.

02. PERCUSIÓN CON LOS PUÑOS EN LA REGIÓN POSTERIOR DE LA PIERNA

A continuación percutiremos con nuestras manos y dedos cerrados en puño los vientres musculares del tríceps sural.

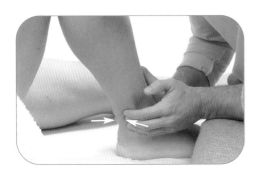

03. MOVILIZACIÓN DEL TENDÓN DE AQUILES

El tendón de Aquiles es el cordón tenso que se localiza en la zona posterior de la pierna, cercana al talón. Con nuestros dedos, lo lateralizaremos, cizallaremos y comprimiremos para evitar la acumulación de adherencias en sus fibras.

A continuación la posición será boca abajo con las piernas estiradas.

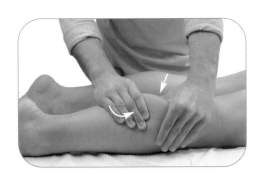

04. AMASAMIENTO DIGITOPALMAR DE LOS GEMELOS

Abarcaremos los dos grandes vientres musculares a la vez entre los dedos largos de una mano y el pulgar de la otra. Los cizallaremos y amasaremos en bloque, desplazándolos hacia un lado y otro de manera transversal. Recorreremos desde la zona baja del tobillo hasta su inserción en la parte posterior de la rodilla, sin amasar el hueco poplíteo.

05. MASAJE CON LOS PULGARES DEL TENDÓN DE AQUILES

Aplicaremos los movimientos circulares de los dedos pulgares en dirección hacia arriba. Estiraremos con fuerza las fibras musculares, drenando de su superficie las sustancias nocivas acumuladas. Alcanzaremos hasta la mitad de la pierna, donde el tendón acaba convirtiéndose en músculo.

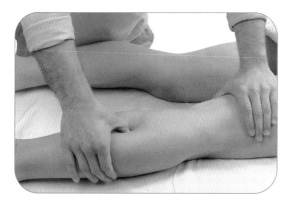

06. Presión puntual en el soleo

Con nuestro dedo pulgar localizaremos la línea que separa los vientres musculares del gemelo interno y externo de la misma pierna. Mantendremos una presión puntual en la zona más central de la región posterior de la pierna, tanto longitudinal como transversalmente.

07. Separación de ambos vientres musculares de los gemelos

Aprovecharemos la palpación de la línea de separación de ambos gemelos del ejercicio anterior. Con los dedos largos en forma de peine, semiflexionados en garra abarcaremos cada uno de los músculos. Traccionaremos transversalmente con cada mano en direcciones opuestas, como si quisiésemos separarlos. Estas técnicas se tienen que aplicar lenta y suavemente, respetando la progresiva relajación del músculo, ya que si por el contrario somos bruscos en su realización, únicamente conseguiremos que el músculo se contracture más.

08. Estiramiento global del tríceps sural

Flexionaremos la rodilla a noventa grados y con nuestra mano presionaremos la punta del pie para dirigirla hacia la camilla. Mantendremos unos minutos cuando notemos una tensión de resistencia suave no dolorosa para el deportista.

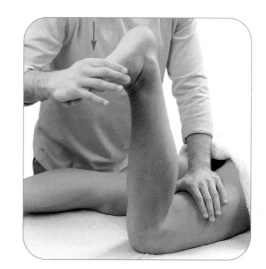

DEDOS DE JUGADOR DE BALONCESTO O VOLEIBOL

Este masaje se puede usar también en formas de automasaje como preparación y calentamiento, debido a que cuando hay un traumatismo de cualquier tipo, el grado de lesión debe ser diagnosticado por un especialista. El reposo relativo podría estar incluido dentro del tratamiento posterior si ha habido luxaciones articulares o esguince de algún ligamento. Las consecuencias de un traumatismo pueden ser minimizadas si aplicamos esta sencilla rutina de masaje antes de los entrenamientos y competiciones.

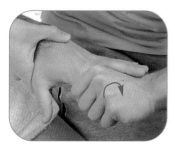

01. Masaje circular

Lo aplicaremos con la palma de la mano sobre toda su longitud. Abrazaremos con una mano todo el dedo (de la mano contraria), para después comenzar a girar y deslizarse por su piel. Recorreremos uno a uno todos los dedos de ambas manos.

02. Tracción global

Tomando cada uno de los dedos desde la punta, aplicaremos una fuerza de tracción durante unos segundos, como si quisiéramos separarlos de la mano.

03. Rotación global

También desde la punta de cada dedo, generamos ahora una suave fuerza rotatoria en un sentido y en otro.

04. Automovilización en flexión, extensión e inclinaciones laterales

La toma será la misma, pero ahora movilizaremos los dedos hacia delante, atrás y los laterales, abarcando todo el ángulo de movimiento que nos permitan.

FASCITIS PLANTAR DEL CORREDOR

La fascia plantar es un tejido fibroso que se localiza en profundidad en la planta del pie. Su inflamación puede resultar muy desagradable y dolorosa, aumentando su sintomatología con el apoyo del pie. La persona nos refiere un dolor al apoyar sobre el suelo, como si se le «abriese la planta del pie». Puede ser causada por movimientos repetitivos como los saltos, botes o acortamientos musculares. También es frecuente que se irrite por la existencia de un espolón calcáneo, es decir, la aparición de un saliente óseo que la alcance. Para este tipo de alteraciones se suele recomendar una plantilla especial que absorbe la fuerza del impacto contra el suelo.

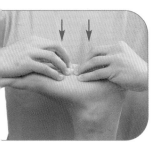
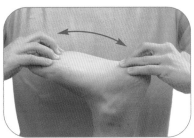

01. Masaje con estiramiento de la fascia

Usaremos nuestros dedos largos en forma de garra, semiflexionados y colocados de manera que ejerzan una fuerza de tracción longitudinal. Una mano se colocará por delante del talón y la otra a la altura de los dedos, presionando y traccionando en direcciones opuestas.

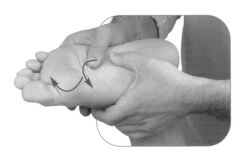

02. Masaje con los pulgares en la planta del pie

Recorriéndola desde el talón hasta los dedos, aplicando los movimientos circulares para estirar las fibras de la fascia.

El masaje terapéutico en el deporte

141

10 LOS MASAJES TERAPÉUTICOS ORIENTALES

El masaje oriental y el occidental han tenido siempre una finalidad común: el alivio de los pequeños males del organismo. Antiguamente se desconocían las bases científicas de los procesos de curación, y debido a la diferencia cultural, se han producido distintas concepciones del masaje y de las terapias alternativas. Cada pueblo trataba de explicar los efectos observados a través de la experimentación mediante sus creencias y conocimientos sobre la naturaleza. Por este motivo el masaje terapéutico adquiere connotaciones religiosas, mágicas o espirituales.

En el mundo occidental estamos acostumbrados a hablar de dolor, rotura, presión, calor o inflamación. No debemos extrañarnos en el mundo occidental si las terapias alternativas orientales hablan de energía, bloqueos, puntos, ejes, meridianos o flujos. La energía es la palabra más importante para conocer las bases del masaje oriental; sin embargo, desde el pensamiento occidental puede resultarnos un término demasiado esotérico o volátil. Parece difícil imaginar cómo la energía puede almacenarse y contenerse en el cuerpo humano. Basarnos en nuestros conocimientos más elementales de física nos puede facilitar la tarea. Por todos es sabido que los elementos químicos se mantienen en relación gracias a la energía, formando las moléculas materiales de las cuales está compuesto nuestro cuerpo. Por otra parte la energía será también necesaria para las reacciones químicas que tendrán lugar en cualquier proceso o función corporal y en las cuales será absorbida o expulsada según se requiera.

En la actualidad los conocimientos sobre fisiología, física, química, biología, anatomía, patología y medicina entre otros, han ayudado a establecer las bases comunes para todos los tipos de masaje y explicar las características especiales de cada técnica terapéutica. Ahora sabemos por qué cada masaje es terapéutico y los procesos que produce en el organismo, por lo que podemos explicar las palabras que antes nos parecían desconcertantes.

La medicina oriental tiene un alto contenido espiritual y de armonía con el universo y el cosmos. En el masaje oriental, para alcanzar la parte energética y no material utilizamos como medio nuestras manos. Este nexo de unión entre la parte orgánica y la parte espiritual es el mismo que en occidente, pero para alcanzar el bienestar y la salud, se aplica con diferentes movimientos, presiones e intensidad.

No debemos olvidar que la cultura de cada pueblo está muy influida por las creencias religiosas. La religión envuelve y acota determinados conocimientos en función de sus bases establecidas. Somos conscientes de que existe una gran vacío entre las religiones orientales y occidentales, siendo muy difícil establecer conexiones entre sus concepciones más básicas. Esto provoca un gran «desentendimiento» cultural por una cuestión de falta de conceptos elementales comunes. Los resultados positivos del masaje terapéutico oriental son evidentes y es un hecho que se ha introducido dentro de las terapias occidentales progresivamente. Siempre debemos tener en cuenta que el objetivo y el medio es el mismo: el alivio de los síntomas molestos a través de las manos, lo único que difiere es la manera de expresarlo.

LA MEDICINA ENERGÉTICA ORIENTAL

La medicina energética oriental está compuesta por diferentes métodos que tienen como objetivo el alcance del mayor estado de salud, longevidad y belleza.

Uno de los conceptos básicos más claros es que el arte oriental de curar se basa en una filosofía holística, donde el hombre forma parte de un todo compuesto por el entorno que le rodea. Es imposible separar y diferenciar entre lo corporal y lo espiritual, el alma o las emociones. Un ejemplo claro que nos ayuda a entender este pensamiento es que en la medicina oriental no existe el concepto de psiquiatría como tratamiento aislado de la mente.

La prevención juega un papel fundamental en esta filosofía terapéutica, no siendo posible ningún tratamiento sin descanso, ejercicio, alimentación, eliminación de sustancias tóxicas como el alcohol y el tabaco, meditación y masaje preventivos.

Debemos tener presente que la transmisión de las enseñanzas ha sido oral durante mucho siglos y existe cierta dificultad en la interpretación de su lenguaje ideográfico.

LA TEORÍA BINARIA DEL YIN Y EL YANG

Los seres vivos están entre el cielo que los cubre y la tierra que los sostiene. Según el pensamiento oriental el hombre es el intermediario entre el cielo (Yang) y la tierra (Yin). Formamos parte del microcosmos que se encuentra entre el cielo y la tierra y está hecho a imagen del universo o macrocosmos.
El universo está formado por energía, el Chi o ki. Los seres vivos son considerados como tales porque son capaces de captar esta energía vital a través de la respiración y de los alimentos. De la energía que compone el universo surgen dos principios o polaridades fundamentales. Por ello decimos que la filosofía oriental se basa en una teoría binaria. La observación de la naturaleza ha llevado a los

El Yin y el Yang

El símbolo que representa el Yin y el Yang expresa de manera concisa la teoría binaria del mundo: la dualidad del pensamiento oriental. Cada elemento comprende al otro y es interdependiente de él. Únicamente cuando están juntos se comprende el todo y es posible el equilibrio. Si eliminásemos una de las dos mitades, la representación carecería de sentido y nunca llegaríamos a conocer la idea global.

EJEMPLOS DE COMPLEMENTARIEDAD DEL UNIVERSO

YANG	YIN
Hemisferio izquierdo del cerebro	Hemisferio derecho del cerebro
Parte posterior	Parte anterior
Razón	Intuición
Externo	Interno
Cielo	Tierra
Exceso	Defecto
Actividad	Descanso
Ascender	Descender
Zona superior	Zona inferior
Grande	Pequeño
Contracción	Relajación
Hombre - masculino	Mujer - femenino
Calor	Frío
Superficial	Profundo
Ruido	Silencio
Fuerte	Débil
Expansión	Concentración o contracción
Sol	Luna
Día	Noche
Luz	Oscuridad
Seco	Húmedo
Trabajo	Relax
Fu	Tsang
Positivo	Negativo
Duro	Blando

Podríamos seguir completando esta tabla hasta el infinito con ejemplos que todos conocemos y que aplicamos a nuestra vida cotidiana y a nuestra propias vivencias. Es suficiente con observar el entorno que nos rodea y buscar los elementos que se complementan, que se enfrentan y equilibran por sus diferencias opuestas.

orientales a la conclusión de que todo elemento se identifica con otro y de que son complementarios para formar un todo. Este hecho se conoce como dualidad, que da nacimiento al Yin y al Yang. Cuando el Yin crece, el Yang decrece y viceversa, siempre de manera progresiva, como el día y la noche. A cada momento es más de día y menos de noche o al contrario.

Por tanto, todas las cosas se complementan y nada es estático. Todo se encuentra en constante y perpetuo movimiento o mutación. Ningún elemento puede existir sin la presencia de su complementario, del que se diferencia pero al mismo tiempo es igual. Ambos elementos se equilibran mutuamente y todo encierra estas dos tendencias antagonistas e interdependientes.

Para el conocimiento oriental, la enfermedad aparece con el desequilibrio entre lo opuesto y complementario. Podemos detenernos en un ejemplo aplicable al organismo humano, para entender la ideología de la medicina china. Existen seis vísceras Yin, conocidas con el nombre de Tsang u órganos, cuyo ideograma simboliza también «conservar». La función visceral más importante en la filosofía china es la de almacenar líquidos vitales, y con ellos nuestros pensamientos y emociones.

De manera complementaria existen seis vísceras Yang, conocidas con el nombre de Fu o entrañas. Su ideograma simboliza «almacén o taller» por lo que son consideradas como vísceras de transformación, tránsito o expulsión. Por tanto, la salud se encuentra en el equilibrio entre las dos tendencias, el yin y el yang, en el equilibrio entre los dos tipos de vísceras corporales, fluyendo entonces la energía correctamente.

Sin embargo, este principio fundamental se puede asociar a todos los campos de la vida cotidiana. Si observamos con atención la tabla anterior nos daremos cuenta de que la teoría binaria es un hecho bastante común y que a menudo nos pasa inadvertido.

LA TEORÍA DE LOS CINCO ELEMENTOS O QUINARIA

Muchas han sido las hipótesis que a lo largo de los siglos han intentado explicar la formación del universo. Durante mucho tiempo se pensó que todo lo que nos rodeaba estaba compuesto por cinco elementos esenciales: agua, fuego, tierra, aire y metal. Los nuevos conocimientos en física y química han desechado esta teoría, sin embargo la filosofía oriental va más allá de la pura composición material del mundo: se conocen con el nombre de los cinco elementos o movimientos a las manifestaciones de la energía del planeta y del cosmos. Representan a los diferentes objetos y fases fundamentales de la naturaleza. Cualquier tipo de proceso dinámico natural será representado con uno de estos elementos, dependiendo de sus características. Los procesos del cuerpo humano también están influidos por esta teoría, asociándose a las cíclicas estaciones del año, aunque podrían relacionarse con cualquier movimiento cíclico que nos rodea.

La medicina tradicional china representa las diferentes partes del cuerpo humano haciendo corresponder los elementos corporales como las vísceras, tejidos, colores, sabores, sentidos, emociones o líquidos, con los movimientos elementales. Existen cinco tipos diferentes de cada uno de ellos equivalentes a los cinco elementos básicos y con una fuerte relación entre sí, ya sea positiva o negativa.

• La Madera representa la primavera, el nacimiento, el hígado, la vesícula biliar, la vista, las lágrimas y los tendones. Su emoción es la cólera.

• El Fuego corresponde al verano, al crecimiento, el corazón, el intestino delgado, el gusto, el sudor y los vasos circulatorios. Su sentimiento es la alegría.

• La Tierra simboliza el ciclo intermedio entre el verano y el otoño, la madurez, el bazo, el estómago, el tacto, la saliva y los músculos. Su sentimiento es la preocupación.

• El Metal representa al otoño, la decadencia, los pulmones, el intestino grueso, el olfato, el esputo y el tejido cutáneo. Su emoción es la tristeza.

• El Agua corresponde al invierno, el final, los riñones, la vejiga, el oído, la orina y el tejido óseo. Su sensación es el miedo.

Estos elementos forman parte del un movimiento cíclico donde la madera provoca el fuego, el fuego genera la tierra, la tierra forma el metal, el metal genera el agua y de forma cíclica llegaremos de nuevo a la madera que será engendrada en el agua.

Debemos tener en cuenta estas complementaciones a la hora de relacionar los dolores de diversas regiones del cuerpo con posibles alteraciones viscerales (considerándose en occidente como dolores referidos).

La cromoterapia y la filosofía oriental

Estas equivalencias pueden sernos útiles para el alivio de algunas alteraciones a través de la cromoterapia. Únicamente tenemos que establecer la relación entre la zona corporal desequilibrada, su movimiento elemental y su color.

MADERA

FUEGO

TIERRA

METAL

AGUA

LOS CANALES DE CIRCULACIÓN DE LA ENERGÍA

Existen doce meridianos principales situados simétricamente a un lado y otro del eje longitudinal del cuerpo. Los meridianos son los canales por donde fluye y se transporta la energía (Chi o ki) asegurando el buen funcionamiento y la vida de nuestro organismo. A diferencia de los vasos sanguíneos y linfáticos, estas vías no existen anatómicamente, ya que la energía no es un elemento material visible.

La energía fluye por los meridianos de diferentes formas. Por la parte delantera del cuerpo la dirección será desde abajo hacia arriba y por la parte posterior del cuerpo fluirá desde la cabeza hacia los pies. Cada uno de los doce meridianos tiene un flujo energético diferente, que se puede resumir de la siguiente manera:

• Desde el pecho hacia la mano

• Desde la mano hacia la nariz

• Desde la nariz hacia el pie

• Desde el pie hacia el pecho

• Desde el pecho hacia la mano

• Desde la mano hacia la oreja

• Desde la oreja hacia el pie

• Desde el pie hacia el pecho

• Desde el pecho hacia la mano

• Desde la mano hacia el ojo

• Desde el ojo hacia el pie

• Desde el pie al pecho

Los vasos maravillosos o curiosos son vías de derivación de la energía para regular su circulación.

El masaje terapéutico oriental y los meridianos

Este hecho tendrá consecuencias importantes en la aplicación del masaje terapéutico, pues siempre que actuemos con el masaje terapéutico a favor de su flujo natural obtendremos un resultado de activación, mientras que para relajar o inhibir debemos aplicarlo en la dirección contraria.

Estos puntos y su funcionamiento también tendrán consecuencias a tener en cuenta en la aplicación del masaje terapéutico. Cuando aplicamos movimientos circulares sobre los puntos energéticos en el sentido de las agujas del reloj, estaremos activando la energía. Los movimientos circulares en el sentido contrario a las agujas del reloj tendrán un efecto relajante o sedante.

La cultura oriental considera el control de la respiración como una importante fuente de salud. A través de la respiración el ser humano recoge la energía del cielo y la canaliza hacia su interior. Para tomar el aire correctamente debemos dirigirlo hacia la parte inferior del ombligo, donde se encuentra el punto de equilibrio energético. Para expulsar el aire, contraeremos dicha zona espirando por la boca.

EL FLUJO SUPERFICIAL DE LA ENERGÍA: LOS PUNTOS ENERGÉTICOS

El trayecto superficial de los canales energéticos está compuesto por puntos que permiten regular las perturbaciones energéticas. Existen trescientos sesenta y cinco puntos repartidos en todos los meridianos, exactamente el mismo número que los días del año. El concepto de puntos energéticos está muy unido a la cultura oriental, sin embargo estos puntos serán diferentes en importancia, localización y nombre para cada pueblo. Así podemos encontrar los siete «Chakras» de la cultura india y usados en Yoga, o los «Tsubos» del Shiatsu japonés. El masaje ayudará a calmar o activar los flujos de energía circundante, a través de estos puntos, que también serán usados por la acupuntura, masaje chino y técnicas terapéuticas occidentales más contemporáneas.

El punto del cuerpo donde la energía se equilibra se encuentra justo a unos cuatro centímetros por debajo del ombligo. Para los japoneses es conocido como «Hara», para la cultura india se llama «Plexo Solar» y se localiza entre el ombligo y el corazón, pero debemos ser siempre muy conscientes de esta región,

de donde emana una importante fuerza energética. Son muchos los nombres que reciben un punto en la región abdominal según las diferentes culturas, pero es un hecho curioso el constatar cómo muchas de las creencias tanto orientales como occidentales han dado un importante papel a esta zona.

EL FLUJO PROFUNDO DE LA ENERGÍA: LAS VÍSCERAS

El trayecto profundo de los meridianos está en relación con las vísceras. Los meridianos pueden ser Tsang (yin) y se relacionan con las vísceras de su misma cualidad. Los meridianos Fu se relacionan con las vísceras Yang.

Los vasos maravillosos o curiosos no tienen relación con los Tsang y los Fu. Son los encargados de restablecer el funcionamiento de las vísceras curiosas y evitar que las energías nocivas penetren en nuestro organismo, teniendo una importante función preventiva de las enfermedades. Los elementos tóxicos como el alcohol y el tabaco reducen este potencial preventivo al alterar su flujo energético.

En la aplicación del masaje terapéutico oriental debemos conocer y tener en cuenta los canales y la circulación de la energía en su influencia sobre las vísceras. Cuando estamos masajeando sobre un punto determinado debemos conocer qué víscera se está reflejando en él, si necesita ser activada o inhibida y de qué clase de meridiano forma parte, así como el elemento fundamental que la representa. El conocimiento de todos los referentes de la zona alterada nos ayudará a aplicar un masaje correcto y adaptado a las necesidades de cada situación.

RELACIÓN ENTRE LOS TRAYECTOS SUPERFICIALES DE LOS PUNTOS DE ENERGÍA Y LOS TRAYECTOS PROFUNDOS VISCERALES

La relación entre los diferentes elementos corporales que unen las vías energéticas son la base de muchas de las terapias orientales y occidentales como el Shiatsu, la acupuntura y la reflexoterapia. Estas vías siguen direcciones verticales y horizontales y nada tienen que ver con otras vías anatómicas como los nervios, los vasos sanguíneos y los conductos linfáticos. Por estos canales discurre la corriente eléctrica, la sangre y la linfa respectivamente, a diferencia de las vías descritas en la filosofía oriental por donde tan solo circula la energía.

La energía fluye entre los órganos internos y la superficie también a través de estos canales, cuyas alteraciones provocan todas las afecciones humanas. La relación entre los puntos superficiales y cada parte del cuerpo será desarrollada en cada uno de los masajes terapéuticos específicos, dando lugar a diferentes mapas cartográficos.

LA TENDENCIA HACIA EL EQUILIBRIO

Es un hecho constatado tanto en el conocimiento occidental como oriental que nuestro cuerpo tiene una fuerte tendencia a la homeostasis o equilibrio del medio interno. Esto quiere decir que en el organismo hay constantes cambios que tienen que ser equilibrados, para que el cuerpo continúe siendo tal. Uno de los mayores consumos energéticos del cuerpo se emplea para mantener constantes sus características básicas como el ph, composición, temperatura o barreras externas. Ingerir alimentos o hacer ejercicio, por ejemplo, suponen una agresión a este equilibrio que tiene que ser restablecido mediante las reacciones que todos conocemos: eliminación de toxinas por el aparato excretor, aumento de la frecuencia cardiaca, aumento de la frecuencia respiratoria o generación de sustancias tampón para regular el ph, entre otras. La energía almacenada en las uniones de las moléculas que componen nuestra materia o la existente en las reacciones químicas constantes del organismo, también necesita ser reequilibrada. El cuerpo dispone de sistemas como los descritos anteriormente para ello; sin embargo, cuando estos mecanismos de autodefensa no son suficientes, aparecen las complicaciones.

El masaje es una terapia que se basa en la aportación de energía a través de las manos y esta fuerza que ejercemos puede provocar cambios en los distintos procesos y sistemas energéticos corporales. La filosofía oriental afirma que esta energía aportada desde el exterior es capaz de modificar y corregir las alteraciones energéticas internas y reestablecer el equilibrio global del organismo. Esta energía penetrará en las personas a través de los puntos energéticos y fluirá a través de los diferentes canales o meridianos. Bajo las bases del conocimiento occidental los beneficios terapéuticos serán causados por los efectos mecánicos sobre la piel y los músculos o la estimulación de las estructuras nerviosas, que transforman la energía mecánica (y también térmica o química) en energía eléctrica que recorrerá todo el cuerpo.

El masaje fue utilizado por los ciudadanos chinos a través de la experimentación intuitiva para aliviar los males producidos en los combates, las guerras y por las duras condiciones de vida. Es aproximadamente unos doscientos años a. C. cuando el masaje terapéutico comienza su andadura como ciencia médica. En la actualidad la medicina moderna se entrelaza con las técnicas tradicionales, entre las que se incluye el masaje.

El masaje chino se conocía antiguamente con el nombre del An Mo. La traducción de estas palabras está representada en el lenguaje chino con dos ideogramas: «calmar» y «palpar». Posteriormente se le conoció con el nombre de Tuina, que etimológicamente se compone de Tui («empujar») y Na («levantar y estrujar»). Este masaje hunde sus raíces y establece sus bases, al igual que el resto de terapias alternativas de la medicina tradicional, dentro de la filosofía china y se sitúa entre el masaje clásico y la acupuntura.

El objetivo del masaje chino es el equilibrio energético y la dispersión del dolor. Los puntos de referencia de aplicación del masaje y algunas de las bases de su doctrina fueron tomados de la acupuntura. Las técnicas se clasifican por sus efectos, que pueden ser para tonificar o de dispersión energética y se aplican sobre dichos puntos de acupuntura y sobre los meridianos. Además incluye pasajes menos profundos propios del masaje clásico como roces, presiones, fricciones o percusión. Otras técnicas menos comunes son manipular, zarandear o hacer olas. A veces se combina con aparatos sencillos para estimular los puntos, siempre sin traspasar la piel (a diferencia de la acupuntura y moxibustión).

EJERCICIOS PRÁCTICOS DEL MASAJE TERAPÉUTICO CHINO

AUTOMASAJE ACTIVADOR

Cuando nos despertamos, el organismo tiene que adaptarse rápidamente desde una posición de reposo absoluto hacia la activación total, que debido a nuestro ritmo de vida, suele ser muy brusca. Podemos ayudar al cuerpo a adaptarse a la nueva situación, mediante un sencillo automasaje que repetiremos todos los días al levantarnos. Colocaremos nuestra mano dominante en la zona superior de la cabeza, justamente en el centro del cráneo. Aplicaremos con la palma de la mano abierta un movimiento de fricción circular, notando cómo desplazamos el cuero cabelludo por encima de la cabeza. Debemos recordar que no podemos deslizar nuestra mano por el cabello en los movimientos de fricción, sino acompañar con el movimiento del tejido cutáneo hasta donde permita su elasticidad. Para que la técnica tenga un efecto activador sobre la energía del organismo, debemos aplicar los círculos en el sentido de las agujas del reloj. Mantendremos el masaje durante un minuto con círculos suaves, lentos y constantes, siendo más adecuado para ello colocarnos de pie.
Si queremos utilizar esta técnica con el objetivo contrario, es decir, relajarnos antes de irnos a dormir, podemos hacerlo invirtiendo el sentido del giro circular. Será un manera muy sana de ir preparando al organismo hacia una situación de reposo.

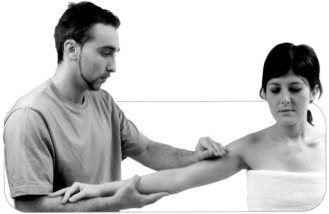

01. PERCUSIONES CON MANO CÓNCAVA EN LOS BRAZOS

Uno de nuestros brazos acunará el antebrazo de la persona para sujetar su peso, pudiendo encontrarse esta tumbada o sentada. Con la otra mano colocada en forma ahuecada, percutiremos con suaves golpecitos por toda la superficie del brazo, desde el hombro hacia la mano y viceversa para regresar al punto de partida inicial.

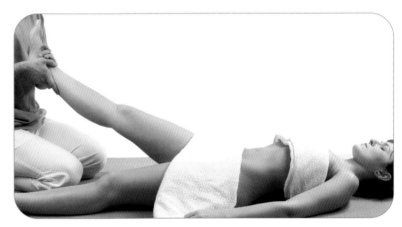

02. SACUDIDAS DEL BRAZO DESDE LAS MANOS

La persona se encuentra sentada cómodamente relajada mientras nosotros tomamos su mano por la palma y el dorso. Estiraremos todo su brazo y traccionaremos como si quisiésemos separarlo del cuerpo. Mediante suaves movimientos hacia arriba y hacia abajo en forma de sacudidas, transmitiremos a todo el cuerpo un movimiento vibratorio. Para no provocar dolor ni tensión en la articulación de la muñeca, debemos fijarla con ayuda de nuestras manos para que no se mueva durante las sacudidas.

03. SACUDIDAS DE LA PIERNA DESDE EL PIE

De igual manera que en el ejercicio anterior, transmitiremos una vibración a todo el miembro inferior desde la toma en el tobillo, evitando que este se mueva para evitar sensaciones dolorosas o lesiones. Para ello la persona se situará tumbada boca arriba y nosotros a la altura de sus pies.

04. ESTIRAMIENTO GLOBAL DE PIERNAS

Con la persona colocada boca abajo masajearemos la zona posterior de las piernas con una agradable secuencia. Comenzaremos fijando con una mano desde un tobillo y con la otra desde el glúteo, situándonos a un lateral de la camilla o suelo. Ejerceremos una presión con ambas palmas de las manos hacia abajo y en direcciones opuestas, elongando toda la musculatura de la zona. Mantendremos el estiramiento durante unos segundos y repetiremos la puesta en tensión cinco veces. A continuación será el turno de la activación energética en otra pierna.

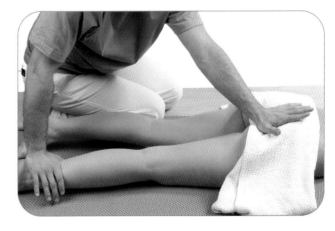

05. Pellizco manual

Nos situaremos a un lado de la camilla, el mismo lado de la pierna que vamos a masajear. Tomaremos con todos nuestros dedos largos el tejido cutáneo, sin abarcar musculatura, pinzándola contra nuestra palma. Mantendremos durante unos segundos y luego dejaremos volver los tejidos a su situación de relajación. Esta técnica podemos aplicarla únicamente en zonas donde el tejido celular subcutáneo es amplio y permite cierta elasticidad como en la cara anterior de los muslos, cara posterior de la piernas, glúteo, pectoral, abdomen, cuello o espalda.

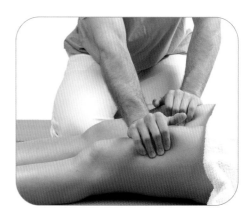

06. Rozamiento con la mano en puño

Utilizaremos el dorso de la mano con esta situada en posición de puño cerrado para deslizarnos por la superficie cutánea de la persona. Nos servirá de utilidad para movilizar grandes masas musculares como es el caso del cuadriceps o los gemelos. Debe existir deslizamiento entre la piel y nuestras manos para obtener el efecto deseado, situando la región a masajear contra la superficie de apoyo para poder ejercer presión al mismo tiempo.

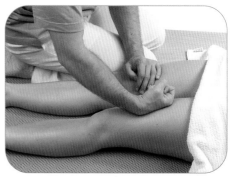

07. Presión y roce con el antebrazo

La musculatura de nuestro antebrazo entrará en contacto constante con la zona de la espalda de la persona que recibe el masaje. Prestaremos especial atención para no producir sensación dolorosa o molesta con el codo. Desde la región escapular de un hemicuerpo presionaremos hacia la superficie de apoyo suavemente, a la vez que deslizamos hacia el glúteo contrario. La dirección del movimiento será diagonal, y una vez que hayamos repetido la secuencia en un lado varias veces, aplicaremos exactamente el ejercicio opuesto en el lado contrario, completando un aspa o equis sobre la espalda. Para poder aplicar esta técnica cómodamente, debemos situarnos en un lateral de la camilla o suelo.

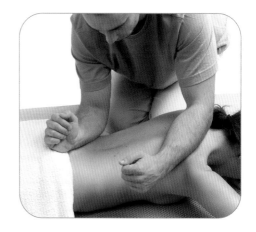

08. Rozamientos de la espalda con el borde lateral de la mano

Apoyaremos nuestras manos sobre el lateral donde se encuentra situado el dedo meñique, perpendicularmente a la piel de la persona. Cada mano se situará a un lado de la columna vertebral, en los cordones musculares que componen los paravertebrales y siempre teniendo precaución para no tocar la estructura ósea. Una mano se deslizará hacia arriba y la otra hacia abajo al mismo tiempo, para a continuación invertir las direcciones. Debe existir un deslizamiento entre nuestra mano y la piel de la persona que recibe el masaje para que nos permita ir descendiendo por toda la espalda, repitiendo esta secuencia varias veces.

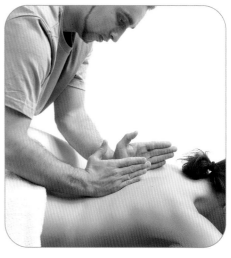

EL SHIATSU O MASAJE JAPONÉS

Shiatsu es una palabra japonesa que significa literalmente «presión digital». Shi significa «dedos» y atsu quiere decir «presión». Esta terapia tradicional japonesa incluye masajes, movilizaciones y tracciones manuales suaves, generalmente unidas en un solo movimiento. Es una técnica terapéutica desarrollada en Japón que nació de las influencias del masaje chino, introducido por un budista en el siglo VI, sobre las técnicas manuales ya existentes y originarias del país.

El objetivo que persigue el Shiatsu es corregir irregularidades a través de la presión, mejorar la salud y prevenir las enfermedades. El alivio de las alteraciones corporales se produce por la activación de la capacidad de autocuración del organismo, la búsqueda del equilibrio justo es fundamental. Si recibimos regularmente un masaje Shiatsu evitaremos la acumulación de toxinas que alteran el equilibrio corporal.

CARACTERÍSTICAS DE LA TÉCNICA SHIATSU

· **Los efectos terapéuticos:** Los efectos terapéuticos de este técnica se consiguen por dos tipos de mecanismos:

1. Los efectos mecánicos directos: cuyos principales receptores son los músculos. Cuando un músculo está fatigado y se contrae de manera incorrecta, se debe a la concentración anómala de ácido láctico en los tejidos. Mediante la presión de los dedos sobre los músculos conseguimos eliminar el ácido láctico depositado.

Otros objetivos directos del Shiatsu son relajar las zonas contracturadas o aumentar el tono basal de las regiones hipotónicas, mediante pasajes específicos.

2. Los efectos indirectos a distancia: a través de la presión en los puntos de acupuntura descritos en la medicina tradicional oriental. La energía viajará por todo el organismo a través de los canales energéticos, influyendo en procesos alterados, especialmente donde se refleja el área cutánea presionada. La terapia asegura el correcto funcionamiento de los flujos energéticos que unen las distintas regiones corporales, liberando las zonas bloqueadas, activándola o inhibiéndola.

· **El proceso causa-efecto del Shiatsu:** La traducción al concepto occidental y sus bases anatómicas: La energía mecánica aplicada sobre la piel y musculatura de la persona que recibe el masaje será recogida por los receptores nerviosos de estímulos situados en estas estructuras. Estos receptores son la parte final del sistema nervioso sensitivo, que transformará estos estímulos en energía eléctrica, capaz de viajar a través de los nervios que componen el sistema nervioso periférico sensitivo. Esta energía será conducida hasta la médula espinal donde se agrupan las múltiples vías que llegan de todas las partes del organismo. El encéfalo será el siguiente eslabón de la cadena, donde el estímulo aportará la información necesaria para elaborar una respuesta adecuada a la alteración. Desde el encéfalo será enviada esta respuesta a través de la médula, descendiendo hacia los nervios periféricos y llegando a los órganos efectores que activarán la respuesta reequilibradora. Los órganos receptores pueden localizarse incluso a gran distancia del punto de partida. Entre ellos podemos encontrar tejido muscular estriado o liso, glándulas hormonales o tejido nervioso.

· **Contraindicaciones y efectos secundarios:** Las situaciones en las que no debemos emplear el Shiatsu son muy similares a cualquier tipo de masaje terapéutico. Entre ellas podemos destacar las enfermedades contagiosas, cardiopatías, alteraciones graves de órganos vitales, cáncer, riesgo de hemorragias como la hemofilia, fracturas o roturas de cualquier tejido.

Esta técnica no tiene efectos secundarios, pudiéndose aplicar incluso a niños (ya que favorece el desarrollo y crecimiento sano y equilibrado) y ancianos, siempre adaptándonos a sus características, para lo que se debe tener amplia experiencia.

· **Intensidad de la presión y regla del no dolor:** En el Shiatsu también se respeta la regla del «no dolor» de los masajes clásicos. La intensidad de la presión no será nunca dolorosa, por lo que debemos adaptarnos al umbral de tolerancia de cada persona. Aprenderemos a conocer a cada persona durante las primeras sesiones, en las que exploraremos su tolerancia a la presión.

· **La autocuración y la prevención:** Una de las máximas de esta técnica es que no tiene capacidad curativa en sí misma, sino que sirve para activar las capacidades autocurativas del cuerpo. Este concepto es empleado por muchas otras técnicas como la osteopatía. La terapia consiste en «orientar» al cuerpo y aportarle la información necesaria para que el organismo comience a buscar su equilibrio.

Por todo ello el Shiatsu es una técnica muy eficaz para prevenir las alteraciones. Si recibimos un masaje Shiatsu de manera regular, seremos menos propensos a los desequilibrios corporales en cualquiera de sus formas.

· **Técnica global:** Cuando aplicamos un masaje Shiatsu no nos centramos únicamente en la dolencia que nos refiere la persona. El Shiatsu es una técnica global, que considera el organismo humano como un todo. Para poder aliviar una dolencia debemos reequilibrar todo el cuerpo, debemos hacer un tratamiento integral, buscando las posibles compensaciones que haya podido crear la lesión original.

· **El tiempo de presión y las sesiones:** El tiempo de duración de cada presión varía según la región corporal. En el cuello será aproximadamente 3 segundos y en el resto del cuerpo unos 6 segundos. Este tiempo se dividirá en cuatro fases: contacto con la piel, aumento de la presión, mantenimiento y descenso de la presión

hasta perder el contacto. Tanto el aumento de la presión como el cese serán siempre progresivos y debemos repetir la presión 3 veces en cada punto o línea.

El tiempo de la sesión variará dependiendo del tipo de alteración que sufra cada persona. Cada sesión estimularemos los puntos más primordiales para el tratamiento específico del desequilibrio, que deben ser pocos, y los repetiremos durante las tres sesiones siguientes. A continuación en otro ciclo de sesiones se comenzará a estimular otros pocos puntos secundarios. Con el aumento de nuestra experiencia y de la persona que recibe el masaje, podemos ir aumentando el número de estímulos en cada sesión, siempre adaptándonos a la tolerancia individual.

· **Técnicas específicas de masaje:** Las técnicas de presión. La mayoría de los pasajes o toques de Shiatsu se basan en presiones con los dedos pulgares en distintas posiciones y las palmas de las manos sobre regiones determinadas, conocidas como «Tsubos». Este tipo de presión dependerá de la zona y la acción que deseamos conseguir.

Cuanto más presión impongamos estimularemos en primer lugar tejidos superficiales cutáneos y posteriormente músculos superficiales y profundos.

Para facilitar la penetración de la presión en los puntos y evitar lesiones en nuestros dedos debido a una fuerza excesiva, acompañaremos la presión ejercida junto con la expulsión del aire por parte de la persona cuando respira. De esa manera obtendremos un mejor acceso a los tejidos profundos, debido a la relajación corporal.

EL SHIATSU EN LA MEDICINA MODERNA

El Shiatsu no es solamente una técnica terapéutica, sino una potente ayuda para el diagnóstico de las enfermedades. En algunos hospitales chinos donde se usa la medicina tradicional china de manera aislada o combinada con la medicina moderna, es usado por médicos especializados, con gran experiencia y conocimientos sobre la técnica del Shiatsu.

01. Presiones con los dedos

La regla básica es que debemos presionar con el pulpejo hacia abajo, perpendicular a la piel de la persona y nunca con la yema del dedo avanzando hacia delante.

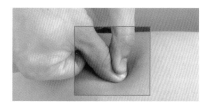

Podemos usar un solo dedo pulgar para presionar los puntos, utilizando la yema del dedo sin deslizarnos por la piel de la persona que recibe el masaje.

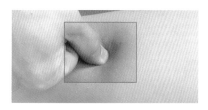

La presión del dedo pulgar en contacto con la piel puede ser reforzada por el dedo pulgar de la otra mano. Se situarán uno encima del otro por la zona de la uña.

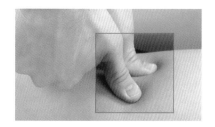

Técnica en posición de V: Los dedos pulgares de ambas manos estarán en contacto con la piel de la persona, presionando en forma de letra V. Para ello juntaremos las bases de la última falange y separaremos las puntas en direcciones opuestas.

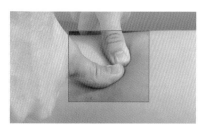

Técnica en posición de A: De la misma forma que la técnica anterior ambos pulgares presionarán a la vez, pero en posición invertida. Juntaremos las puntas de los dedos y los separaremos en su base.

Técnica con los tres dedos medios: La región final de los dedos anular, corazón e índice se aplicarán perpendicularmente al tejido cutáneo para presionar los puntos mediante una fuerza vertical. Esta técnica es muy usada en zonas del abdomen y la cara.

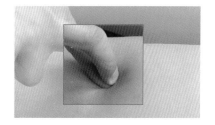

Técnica del dedo corazón sobre el índice: al igual que para realizar el masaje transverso profundo de Cyriax, cruzamos ambos dedos para reforzar la fuerza que aplicamos, pero sin deslizamiento por la piel.

02. TÉCNICA DE LA PALMA DE LA MANO

De manera perpendicular y vertical a la superficie que presionamos, utilizaremos toda la mano abierta y plana para adaptarnos a los relieves. Descargaremos el peso de nuestro cuerpo sobre la mano, ya sea central o lateralizándolo hacia alguno de sus bordes laterales. Usaremos la palma de la mano para la zona del abdomen y en las técnicas de vibración.

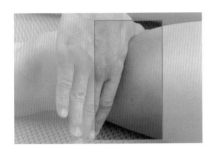

03. TÉCNICA «BOCA DE DRAGÓN»

La presión será ejercida por el reborde existente entre el dedo índice y el dedo pulgar. Para realizar esta técnica, debemos juntar todos los dedos largos extendidos y separarlos ampliamente del dedo pulgar, para poder abarcar mayor superficie de piel. Es frecuente utilizarla en superficies redondeadas como el cuello, los brazos o las piernas. No es habitual utilizarla en superficies planas como la espalda, ya que la presión ejercida no es eficaz.

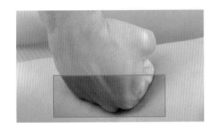

04. TÉCNICA DE LA MANO CERRADA EN PUÑO

La presión se ejercerá a través de los nudillos, pero para evitar provocar dolor nunca utilizaremos la zona más puntual, sino las regiones más planas de las bases de los dedos.

05. TÉCNICA DE LOS ANTEBRAZOS

Se utiliza para abarcar zonas más amplias incluyendo varios puntos de presión. No aplicaremos la fuerza sobre los codos, sino a lo largo de todo el antebrazo para evitar provocar dolor.

06. TÉCNICA DE VIBRACIÓN

Este pasaje es similar al existente en el masaje clásico. La parte de la mano en contacto con la superficie cutánea no se desliza, sino que transmite una presión y vibración al mismo tiempo, que se origina en nuestros hombros y codos.

EL SHIATSU EN LA MEDICINA MODERNA

La ergonomía es la ciencia que estudia las posiciones corporales mantenidas, con el objetivo de reducir su gasto energético y el riesgo de lesiones. Aplicar una sesión de Shiatsu puede resultar agotador para una persona que no esté acostumbrada, ya que la tendencia será a usar la fuerza de sus brazos para realizar las presiones. Con la práctica debemos aprender a aprovechar el peso de nuestro propio cuerpo para ejercer fuerza sobre los puntos elegidos. Para ello debemos situar la camilla o superficie donde colocamos a la persona a la altura adecuada y apoyarnos encima de nuestras propias manos.

TUMBADO BOCA ABAJO

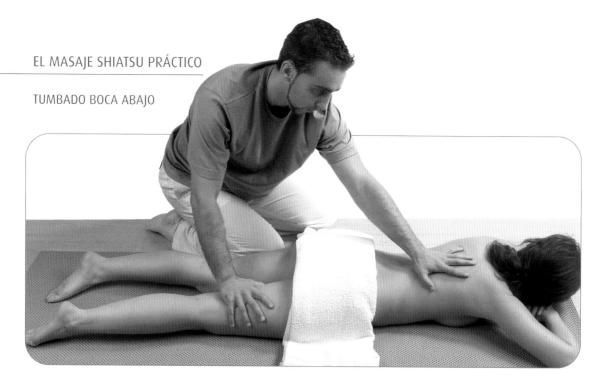

01. Antes de comenzar a presionar los puntos Shiatsu o Tsubos, debemos pasar por una fase de toma de contacto. Podemos usar técnicas del masaje clásico para obtener la relajación de la musculatura y la tensión mental. De esta manera provocaremos que los puntos energéticos sean más sensibles y receptivos al masaje terapéutico.

02. Situaremos a la persona tumbada boca abajo y nosotros nos encontramos a la altura de su cabeza mirando hacia sus pies. Presionaremos con ambos pulgares a la vez a ambos lados de la columna vertebral recorriendo los meridianos longitudinales. En un primer momento trazaremos una línea paralela desde arriba hacia abajo a unos 2 centímetros hacia cada lado, buscando el equilibrio visceral. Cuando hemos recorrido toda la superficie cutánea, regresaremos a la parte superior de la espalda y repetiremos la secuencia, pero esta vez descendiendo por un eje situado a unos 4 centímetros aproximadamente de la columna vertebral. Conseguiremos así equilibrar el flujo de la energía emocional. Al recorrer ambos ejes energéticos, presionaremos puntos muy próximos a lo largo del trayecto, ejerciendo la fuerza entre tres y cinco segundos en cada uno.

03. A continuación situaremos ambas manos en el mismo lado de la espalda y nosotros en la cabecera. La secuencia será similar al ejercicio anterior, recorriendo los meridianos paralelos a la columna vertebral a diferentes alturas, sin embargo una mano se colocará delante de la otra para descender por el tejido cutáneo. La mano que se sitúa delante presiona los puntos previamente con toda la palma, mientras que la mano situada detrás presiona con el pulgar «a posteriori». Ambas presiones se mantendrán entre tres y cinco segundos.

04. La siguiente técnica tiene como objetivo activar la energía en la zona lumbar y pélvica, mediante un movimiento circular en sentido de las agujas del reloj. Aplicaremos un movimiento de presión con frotación en el músculo glúteo mayor con la palma de la mano en movimiento desde arriba hacia fuera y desde arriba hacia abajo. La persona estará situada boca abajo y nosotros nos desplazaremos a la altura de la cadera del lateral que estamos masajeando, para poder hacer fuerte presión contra la superficie de apoyo y no deslizar nuestra palma de la mano sobre la piel. Para finalizar y después de varias repeticiones, mantendremos una firme presión estática durante un minuto.

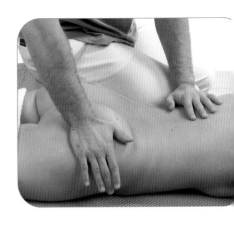

05. Desde la misma postura inicial de la persona que recibe el masaje y nosotros situados cerca del hombro del mismo lado que vamos a masajear, provocaremos ahora el «aflojamiento o relajación» de la escápula. Con una mano sujetamos, fijamos y elevamos el hombro de la persona, separándolo de la superficie de apoyo. La otra mano presiona con los dedos largos en la zona del romboides, provocando la sensación de «despegar la escápula del cuerpo». Según presionamos progresivamente durante uno o dos minutos, la musculatura se relajará y cederá bajo nuestros dedos, permitiéndonos hacer una presión cada vez más profunda.

06. El flujo energético de los meridianos de los miembros también debe ser mejorado. Comenzaremos con la parte posterior del brazo, recorriendo punto por punto el eje longitudinal central. La dirección será desde el hombro hacia la mano, manteniendo la presión entre tres y cinco segundos. Cuando hayamos completado el brazo una vez con los pulgares juntos, los separaremos unos centímetros trazando líneas paralelas simultáneamente. Cuando finalicemos con un brazo, masajearemos el contrario con la misma secuencia.

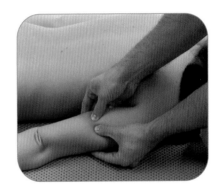

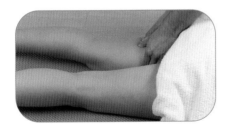

07. A continuación activaremos el flujo energético posterior de las piernas. El eje central debe ser presionado en dirección desde el glúteo hasta el pie por los pulgares. Los puntos serán presionados entre tres y cinco segundos y una vez recorrido el miembro entero, se repetirá la secuencia con los pulgares separados, trazando sendas líneas paralelas a cada lado.

08. La presión irá dirigida en la siguiente técnica a la articulación entre el hueso del sacro y el hueso ilíaco. Buscaremos el alivio de los bloqueos energéticos tan frecuentes en esta zona. En la región glútea presionaremos con nuestros pulgares trazando líneas diagonales desde la zona lateral de la columna lumbar hasta la zona baja y central del sacro. Repetiremos varias veces la secuencia, trazando varias líneas paralelas, y manteniendo durante varios segundos en cada punto.

TUMBADO BOCA ARRIBA

01. La persona se encontrará tumbada boca arriba y nosotros nos situaremos en la parte inferior, a sus pies. Tomaremos sus talones con nuestras manos y traccionaremos hacia abajo, tirando de todo el cuerpo a través de ellos. La fuerza que aplicaremos debe ser intensa, pero nunca llegando a provocar el deslizamiento de la persona por la superficie de apoyo. Mantendremos la tensión durante un minuto, a la vez que presionamos puntualmente sobre el talón con el dedo índice. Para no forzar nuestra espalda, debemos aprovechar el peso de nuestro cuerpo, inclinándonos hacia atrás, en vez de hacer fuerza con los brazos para traccionar de las piernas de la persona.

02. Será el turno de la parte anterior de los brazos, activando el flujo de sus meridianos energéticos. Presionaremos puntos próximos recorriendo el eje longitudinal del brazo desde la mano hacia el hombro. Nos detendremos con los pulgares en cada punto entre tres y cinco segundos, empezando por la línea central y luego podemos recorrer dos líneas paralelas más laterales.

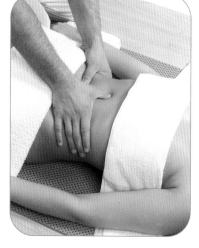

03. De igual modo recorreremos el meridiano central de las piernas por su parte delantera. Comenzaremos desde el dorso del pie hacia la cadera. Trazaremos una línea central y posteriormente líneas paralelas a ella, separando los dedos pulgares. El masaje se aplicará punto por punto, manteniéndonos varios segundos en cada uno.

04. El abdomen es una zona solo protegida por musculatura, por lo que las presiones deben ser aplicadas con mayor precaución. Imaginaremos un círculo de aproximadamente cinco centímetros de diámetro con punto central en el ombligo. Presionaremos con los pulgares en los distintos puntos que conforman la circunferencia, siguiendo el sentido de las agujas del reloj. Una vez completado se aplicará el masaje en otra circunferencia de aproximadamente diez centímetros de diámetro. Para finalizar presionaremos suavemente con toda la palma de la mano extendida en el centro del abdomen durante un minuto.

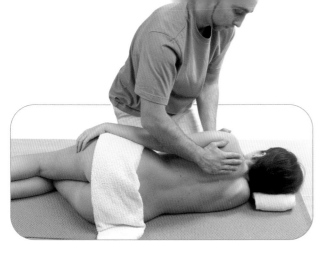

01. A continuación será el turno de activar la energía de la cintura escapular. Pediremos a la persona que se sitúe tumbada lateralmente, apoyándose sobre el hombro que no va a ser masajeado, para así tener el lado contrario en la parte superior, accesible a nuestras manos. Con la palma de la mano apoyada en la región escapular, aplicaremos un movimiento de fricción circular en el sentido de la agujas del reloj. Al final de las repeticiones que creamos convenientes, mantendremos la presión en la zona durante un minuto.

SENTADO

01. «Boca de dragón» en la zona occipital en la posición de sentados. Con el reborde entre el dedo pulgar y el dedo índice separados presionamos en la línea nucal de nacimiento del pelo. No debemos provocar la extensión hacia atrás de la cabeza, ya que dañaríamos la columna cervical, por lo que con la otra mano fijaremos desde la frente. Por este motivo no se aconseja hacer esta técnica tumbados boca abajo. Aplicaremos la presión durante un minuto, con nuestros hombros y brazos relajados para no sobrecargar nuestra musculatura al mantener la postura durante tanto tiempo.

CONSEJOS DE SHIATSU PARA ALIVIAR PEQUEÑOS MALES

Tensión en los trapecios: La persona que va a recibir el masaje se encontrará sentada en una silla y nosotros nos situaremos detrás. Apoyaremos nuestros antebrazos suavemente encima de sus hombros, siendo precavidos de no contactar con zonas óseas duras para evitar provocar sensaciones dolorosas. Progresivamente descargaremos nuestro peso sobre nuestros antebrazos, según apreciamos que la zona se relaja y descienden los hombros. Repetiremos seis veces presionando durante unos segundos y relajando. Mantendremos esta presión estática durante aproximadamente un minuto. Para evitar sobrecarga de otras zonas de la espalda, debemos asegurarnos que la persona está correctamente sentada, con toda la columna vertebral cercana al respaldo de la silla.

Estreñimiento: Para mejorar el tránsito digestivo debemos presionar con los dedos índice, corazón y anular en la zona del intestino grueso descendente. Para ello aplicaremos un movimiento de fricción hacia abajo con estos tres dedos en la región izquierda del abdomen de la persona. Presionaremos durante cinco segundos en varios puntos que describan una línea vertical desde las costillas hasta la ingle izquierda. Recorreremos varias veces el trayecto con el fin de aliviar los bloqueos.

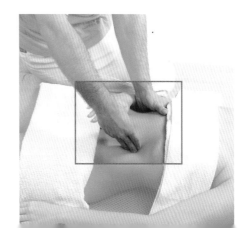

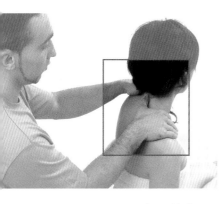

Regulación de funciones vegetativas tales como la sensación de cansancio y vitalidad, el insomnio, la tensión arterial o la función respiratoria: Muchas veces podemos sufrir un bloqueo energético en uno de los centros más importantes de regulación de las funciones automáticas vitales: el bulbo raquídeo. Para restablecer su flujo energético correcto debemos presionar en su zona cutánea refleja, cercana a su localización dentro del cráneo en la zona occipital. Mantendremos la presión con un pulgar o la palma de la mano realizando un movimiento de fricción circular en el sentido de las agujas del reloj. Activaremos la energía de la zona, siempre sin deslizarnos por la piel de la persona, aplicando el ejercicio durante un minuto varias veces al día.

Congestión nasal y sinusitis: La persona se encuentra tumbada boca arriba y nosotros nos desplazamos al lado de la cabecera. Colocaremos la yema de nuestros dedos corazones encima de la uña de su dedo índice correspondiente. A continuación presionaremos con ellos a cada lado de la nariz durante medio minuto, pudiéndonos desplazar por varios puntos de la zona.

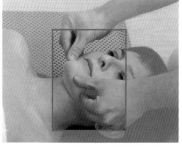

Dolor de muelas: Podemos aliviar este tipo de molestias tan comunes y desagradables mediante la palpación de la zona del maxilar para calmar mediante la presión refleja.

Utilizaremos el dedo pulgar y los cuatro dedos largos para ejercer una presión mantenida en la zona inferior del maxilar. Mantendremos durante varios segundos en distintos puntos de todo el hueso, insistiendo en la zona más dolorosa. Si la muela afectada se sitúa en el maxilar superior, aplicaremos también la presión en la zona de hueso correspondiente y sus alrededores.

Dolor de cabeza: Para aliviar el dolor de cabeza debemos presionar en diversos puntos repartidos por la zona posterior de la cabeza. Comenzaremos por la línea nucal del nacimiento del pelo, describiendo líneas verticales hacia arriba. Podemos aplicar la presión con el pulpejo de nuestro pulgares, fijando con la otra mano desde la frente para estabilizar las presiones. A continuación aplicaremos puntos de presión sobre la zona de las sienes y las cejas.

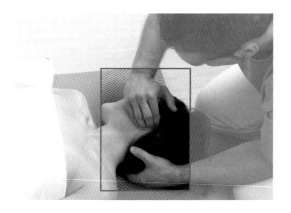

Mareos de causa psicológica: Existen situaciones en las que el estrés psicológico o el nerviosismo pueden desencadenarnos una sensación desagradable de mareo. Ocurre a algunas personas, por ejemplo, durante los viajes en coche, barco o avión. Para mejorar esta sensación y ayudar a la persona a relajarse, podemos presionar la zona posterior de la oreja. Los cuatro dedos largos nos facilitarán la presión en esta dura región ósea.